DER TOD KANN MICH MAL!

KIRA BRÜCK

DER TOD KANN MICH MICH MAL!

12 schwer kranke Jugendliche
erzählen ihre Geschichten.
Für eine neue Sicht auf das Leben.

BOOKS

FÜR

Anna, Alexandra, Alex, Benjamin, Celine, Daniel, Julian, Kathi, Laura, Maxi Sophie, Maximilian, Melanie

und

alle Menschen, die ich liebe.

INHALT

VORWORT

Der Tod kann uns alle mal – es lebe das Leben

»Das Leben ist wundervoll.
Es gibt Augenblicke,
da möchte man sterben.
Aber dann geschieht etwas Neues,
und man glaubt, man sei im Himmel.«
Edith Piaf

Mit 17 hat man noch Träume: »Work and Travel« in Australien,
mit der Fußballmannschaft aufsteigen, endlich einen festen Freund.
Oder raus aus der Intensivstation, nicht mehr ständig Schmerzen
aushalten müssen, den Krebs besiegen. Junge Menschen, die sich
in einem Alter, in dem das Leben erst so richtig losgeht, schon mit
Chemotherapie und Testament, Krankenhausessen und Metasta-
sen-Wachstum beschäftigen müssen, brauchen viel Kraft, um an das
Glück zu glauben. Und Stärke, um ihre verzweifelten Familien zu
ertragen. Wie John Green in seinem genialen Jugendroman ›Das
Schicksal ist ein mieser Verräter‹ schreibt: »Ich wollte meine Eltern
glücklich machen. Denn es gibt nur eins auf der Welt, das ätzender
ist, als mit sechzehn an Krebs zu sterben, und das ist, ein Kind zu
haben, das an Krebs stirbt.«

Schwer kranke Teenager verbringen mehr Zeit in Kran-
kenhäusern als in der Schule. Sie haben oft mehr Freunde ohne
Haare auf dem Kopf als mit einer hippen Frisur. Und sie reden
jeden Tag mit Ärzten, die ihnen ihre Krankheit mit komplizierten

Fachbegriffen erklären. Während ihre Freundinnen zum ersten Mal die Pille verschrieben bekommen, nehmen sie täglich die härtesten Schmerzmittel. Und wenn sich die Klassenkameraden auf Studienplätze bewerben, hoffen sie, dass es für sie überhaupt noch ein nächstes Lebensjahr geben wird.

Egal, mit wem sie sprechen, die Menschen sind sprachlos. Was soll man einem Jugendlichen auch sagen, der vielleicht bald stirbt? Das Leben hatte doch noch gar nicht richtig begonnen. So wie Hazel und Augustus, den krebskranken Protagonisten in ›Das Schicksal ist ein mieser Verräter‹, bleibt Jugendlichen auf der Schwelle zwischen Leben und Tod oft nichts anderes übrig, als ihrer Situation mit viel Optimismus und Kampfgeist zu begegnen – und manchmal sogar mit Humor.

Eine alte Journalistenweisheit lautet: »Wer redet, erfährt nichts.« Bei den vermeintlich interessanten Gesprächspartnern fällt Schweigen und Zuhören aber oft schwer. Denn so richtig spannende Ansichten geben sie nicht preis. Vor drei Jahren habe ich die Erfahrung gemacht, dass es sich besonders lohnt, Teenagern zuzuhören. Damals war ich Textchefin bei einem Jugendmagazin. Ich interviewte am laufenden Band junge Menschen. Weil in solch einem Magazin nicht nur die Sonnenseiten des Lebens eine Rolle spielen, traf ich auch Jugendliche, mit denen es das Schicksal nicht besonders gut gemeint hatte. Zum Beispiel Alexandra, die wegen einer Chemotherapie kaum mehr Haare auf dem Kopf hatte. Als ich sie zu Hause in Ingolstadt besuchte, sah es so aus, als hätte sie der Leukämie ganz gut die Stirn geboten. Die damals 16-Jährige und ich saßen auf ihrem Bett und quatschten. Ich wollte gar nicht mehr aufhören, mit ihr über Gott und die Welt zu sprechen – so viele Gedanken hatte sie sich gemacht. Über Liebe, Freundschaft, Tod. Und über das Leben. Alexandra wusste genau, was sie mit ihrem anstellen würde, wenn sie wieder ganz gesund wäre. Ich fragte mich, wie man so viel Lebensmut, Zuversicht und Kraft haben kann, wenn man die letzten Monate *im Krankenhaus lag und nicht wusste, ob man jemals wieder die Schule besuchen wird.*

Alexandra vertraute mir auch ihren größten Traum an: Sie wollte Modedesignerin werden. An diesem sonnigen Tag im Juli 2012 sah es nicht so aus, als würde sich dieser Traum jemals erfüllen. Denn Alexandra war körperlich schwach – und noch wusste keiner, ob ihre Leukämie-Erkrankung wirklich überstanden war. Sie zeigte mir ihre Bleistiftzeichnungen von Frauen in schicken Roben und ihre selbst genähten Kleidungsstücke, die sie für ihre Atelierpuppe geschneidert hatte. Zurück in der Redaktion schrieb ich ihre Geschichte auf. Und wusste, dass Alexandra nicht irgendeine Protagonistin war. Sondern ein Mädchen, von dem ich viel mehr über das Glück lernen konnte als von allen anderen Interviewpartnern, mit denen ich jemals gesprochen hatte. Ich wollte unbedingt wissen, wie es mit ihr weiterging. Also trafen wir uns, schrieben einander. Alexandra erzählte mir von ihren Leidensgenossen, die sie auf der Onkologie oder in der Reha kennengelernt hatte. Was, wenn sie alle auch so viel zu erzählen hätten? Die Idee reifte. Komm, wir machen ein Buch!

Heute, drei Jahre nach unserem ersten Treffen, besucht Alexandra die renommierte Modefachschule Sigmaringen. Tatsächlich, sie designt und näht eigene Kreationen. Zum Beispiel coole Turnbeutel aus Kunstleder – auf der Vorderseite prangt ihr eigenes Logo. Auf ihrer Facebook-Seite gibt es ein Foto von Audrey Hepburn, darunter das Zitat: »Ich glaube daran, stark zu bleiben, wenn alles schiefläuft. Ich glaube daran, dass fröhliche Mädchen die hübschesten sind. Ich glaube daran, dass morgen ein neuer Tag ist, und ich glaube an Wunder.«

Alexandra hat mir klargemacht, dass es sich lohnt, an die eigenen Träume zu glauben. Julian erklärte mir, wie man in den schlimmsten Situationen seinen Humor nicht verliert. Kathi zeigte mir, warum es so wichtig ist, seine Ziele zu visualisieren. Dank Celine weiß ich, dass man seinem Körper viel mehr abverlangen kann, als man denkt. Von Daniel habe ich die Erkenntnis, dass es manchmal unwahrscheinlich befreiend sein kann, loszulassen. Und Benjamin brachte mir bei, dass man immer aus jeder Situation das Beste machen muss. Für sie alle habe ich dieses Buch geschrieben. Danke Celine, Julian, Alexandra, Alex, Benjamin, Melanie, Laura, Maxi Sophie, Maximilian, Daniel, Kathi und Anna, dass ihr uns an euren Geschichten und Gedanken teilhaben lasst. Eure klugen, hart erkämpften Erkenntnisse über Liebe, Freundschaft und Familie, über Mut, Kraft und Zuversicht ermöglichen uns allen eine neue Perspektive auf den Wert des Lebens. Mit euren Augen gesehen ist auf einmal jeder Tag ein Geschenk. Ich umarme euch – und das Leben.

KAPITEL 1

»Herzschmerz? Da kann ich nur müde lächeln.«

Celine, 17, Herzfehler, Lungenfehlbildung
und Omphalozele Malrotation

Celine wurde mit einem sogenannten Mehrfachfehler geboren. Als sie auf die Welt kam, befand sich ihre Leber auf dem Bauch, das Herz hatte einen komplexen Herzfehler und – was später erst bekannt wurde – die Lunge hat sich nicht vollständig entwickelt. Heute ist die Lunge nur zu einem guten Drittel ausgebildet. Ein Herzfehler kann mit weiteren Fehlentwicklungen des Körpers einhergehen. Noch am Tag ihrer Geburt wurde Celine operiert, die Leber musste in den Bauch eingesetzt werden. Die Bauchhöhle war jedoch zu klein für alle Organe. Also wurde der Darm verlegt. Viele Operationen folgten. Celine bekam mit fünf Jahren drei Herzkatheter in einem Jahr, denn ihre Engstellen vom Herzen zur Lunge mussten geweitet werden. Noch heute braucht sie alle paar Jahre eine neue Herzklappe, weil die alte nicht mehr richtig schließt. Bisher waren es insgesamt 16 OPs, die Celine gut überstanden hat. Trotzdem wird sie ihr Leben lang auf ihr Herz hören und Rücksicht nehmen müssen. Ihr Körper ist nicht so leistungsfähig, weil ihr Herz viel weniger aushält als das eines gesunden Menschen. Deshalb war sie gerade als Kind anfällig für Krankheiten wie Lungenentzündung, Fieber und Infekte. Trotzdem schaffte Celine den Realschulabschluss mit besten Noten und macht heute eine Ausbildung. Sie hat zu ihrem Herzen eine ganz besondere Beziehung.

Donnerwetter, der Eiffelturm! 704 Stufen. Jede einzelne kostet mich Kraft, zehrt an mir. Immer wieder muss ich eine Pause einlegen, nach Luft japsen. Ich weiß: Mein Herz findet meinen Ausflug nicht so toll. Aber ich will hier hoch! Los, weiter geht's. Das war 2013. Mit etlichen Unterbrechungen und viel zu hohem Puls kam ich schließlich oben an. In diesem Moment war ich unendlich stolz auf mich. Ich sah auf Paris herunter und fühlte mich großartig. Mein Herz hatte gerade Unglaubliches geleistet. Für mich ein Triumph.

Hauptsache, es ist gesund. Ein Satz, den vermutlich alle Eltern etliche Male während der Schwangerschaft sagen. Wahrscheinlich dachte auch meine Mutter immer wieder an mich – ihr ungeborenes Baby im Bauch – und hoffte, schon bald ein kerngesundes Mädchen in den Armen zu halten. Doch alles kam anders. Als ich am 18. Dezember 1997 auf die Welt kam, befand sich meine Leber auf dem Bauch. Mein Herz hatte einen Mehrfachfehler und aufgrund der starken Engstellen in der Arterie zwischen Herz und Lunge konnte meine Lunge sich in den ersten Jahren nicht ausreichend entwickeln. Für meine Eltern muss das ein großer Schock gewesen sein. Wenn man mich heute sieht, würde man nicht darauf kommen, dass ich einen so dramatischen Start hatte.

Mit fünf Jahren bekam ich drei Herzkatheter in einem Jahr, sie sollten meine Engstellen in der Pulmonalarterie zwischen Herz und Lunge beidseitig weiten. Ich war jedes Mal für viele Stunden in Vollnarkose. In dem Alter durfte ich auch zum ersten Mal den Kindergarten besuchen. Doch schon nach kurzer Zeit wurde ich krank und es blieb nicht bei einer Erkältung: Infekte, Fieber, Polypenentfernung, eine Leistenbruch-Operation, zweimaliges Setzen eines Paukenröhrchens. Mir blieb wirklich nichts erspart. Durch meinen Herzfehler ist mein Körper permanent geschwächt, mein Immunsystem kann viel weniger abwehren als das von gesunden Kindern. Deshalb bekam ich sofort einen

Infekt, wenn ein Klassenkamerad mit Schnupfen in der Schule saß. Nächtelang schlief ich mit Sauerstoffbrille und musste einen tragbaren Behälter mit Sauerstoff bei mir haben. Erst, als ich neun Jahre alt war, wurde mein Immunsystem stärker, das war nach dem dritten Eingriff am Herzen.

Verantwortlich für die körperlichen Probleme sind mein Herz und die Lunge. Ich habe mehrere Stenosen, was so viel wie Verengungen in der Pulmonalarterie bedeutet. Daher habe ich auch mehrere Stents bekommen, die wie ein Drahtgeflecht die Engstellen weiten. Alle paar Jahre schließt und öffnet meine Herzklappe nicht mehr richtig, ich brauche dann eine neue. Als ich zweieinhalb Monate alt war, wurde ich zum ersten Mal am Herzen operiert. Heute kann ich richtig spüren, wenn es wieder an Kraft verliert. Dann werde ich körperlich schwächer, bin kaum noch belastbar. Und auch meine Familie und Freunde merken mir an, wenn meine Kraft nachlässt. Ich tue mich dann mit allem schwer, muss mich andauernd hinlegen. Die letzten Meter bis zum Bus rennen? Undenkbar! Früher musste ich mich sogar an Ort und Stelle hinlegen. Heute reicht es, wenn ich mich setze.

Man kann mein Herz nicht vollständig heilen, ich werde immer wieder operiert werden müssen, mein Leben lang. Denn die Klappen, die ich bekomme, verschleißen mit der Zeit. Sie verkalken, dann schließen sie nicht mehr richtig. Und irgendwann ist es Zeit für einen Wechsel. Die Frage ist nur, ob man den richtigen Zeitpunkt erwischt. Es gab Situationen, in denen es richtig knapp wurde. Da musste ich mich wohl oder übel mit dem Tod auseinandersetzen. Er ist eigentlich mein ständiger Begleiter. Aber das ist er auch bei jedem gesunden Menschen. Weil unser aller Leben endlich ist. Jeder könnte morgen sterben. Bei mir ist es nur ein bisschen wahrscheinlicher, weil mein Herz unzuverlässig ist. Es fühlt sich so an, als habe man eine tickende Zeitbombe in sich. Das ist manchmal richtig scheiße. Vor allem, wenn ich so richtig viel Lust auf Sport und Bewegung habe. Dann bekomme ich einen dicken Strich durch die Rechnung gemacht. Vielen Dank auch, Herz!

Jedenfalls wurde ich alle drei Monate, jetzt mittlerweile nur noch alle sechs Monate, von einem Kardiologen mit einem Ultraschallgerät untersucht. Man kann sich vorstellen, wie dreckig es mir jedes Mal davor geht. Da ist die Angst, dass es meinem Herzen nicht gut geht, es nicht mehr lange durchhält. Einmal, ich war neun Jahre alt, meinten die Ärzte, wir könnten bis zur nächsten Herzklappen-OP noch gut ein halbes Jahr warten. Doch irgendwie spürte ich, dass ich schneller operiert werden müsste. Mein Zustand verschlechterte sich von Tag zu Tag. Erst kam ich die Treppe nicht mehr hoch, dann konnte ich nicht mal mehr dreißig Meter laufen. Wir fuhren nach Rostock ins Krankenhaus, weil man dort schon geplant hatte, mir bald einen Herzkatheter zu legen. Die Ärzte stellten fest, dass ich sofort am Herzen operiert werden musste. Was auch umgehend geschah. Es folgten eine Herz-OP, eine Lungenentzündung – und ich wurde auf der Intensivstation ins Koma versetzt. Die Stunden danach waren entscheidend. Ob mein Herz es schaffen würde? Keiner wusste es. Aber es war stark genug. Hinterher sagten die Ärzte, ich hätte nur noch wenige Wochen zu leben gehabt. Sie setzten mir vorübergehend einen Herzschrittmacher ein, der automatisch anspringt, wenn das Herz nicht ausreichend arbeitet. Den bekam ich später gezogen. Ein Ende ließ sich nicht herausziehen, das habe ich immer noch in der Brust. Und ich bekam natürlich eine neue Pulmonalklappe, erneut vom Rind. Ich bin das zweite Kind überhaupt in Deutschland, das eine Rinderklappe in Kombination mit der Rindervene eingesetzt bekam. Daher nahm ich viele Jahre an einer Studie teil und wurde engmaschig beobachtet und untersucht.

Es ist tatsächlich ein kleines Wunder, dass ich die Mittlere Reife mit richtig guten Noten geschafft habe und jetzt eine Ausbildung zur Industriekauffrau mache. Das alles habe ich meiner

Familie zu verdanken und vor allem meinem starken Willen. Ich lasse mir weder von meiner Krankheit noch von irgendwelchen Zweiflern ans Bein pinkeln. Mein Körper ist oft schwach, ich aber bin es nicht. Hätte ich meinen Willen irgendwann verloren, könnten mich meine Freunde heute wahrscheinlich auf dem Friedhof besuchen. Es ist nämlich nicht bloß die Medizin, die einen Menschen gesund macht. Man muss auch wirklich leben wollen. Gegen ein krankes Herz anzukämpfen, ist das Härteste überhaupt. Schließlich trägt man immer die Angst mit sich herum, dass es jetzt gleich aufhört zu schlagen, weil es einfach nicht mehr kann. Vor allem vor Operationen hatte ich oft schlimme Panik. Würde mein Herz die Strapazen überstehen oder einfach aufgeben? Die Bilder, die dann im Kopf entstehen, sind fürchterlich. Man denkt an die eigene Beerdigung und verabschiedet sich innerlich von den Eltern. Doch ich bin jedes Mal wieder aufgewacht, habe immer einen Neustart hingelegt. Mit dieser Ungewissheit umzugehen, war die härteste Lektion meines Lebens. Was ich daraus gemacht habe? Ich genieße den Augenblick, bin dankbar für den nächsten Tag. Ich stecke mir Ziele, bin aber nicht zu enttäuscht, wenn ich sie nicht erreiche.

Manchmal fragen mich Leute, ob ich mit meinem Schicksal hadere. Schließlich kann ich auch heute nicht wie ein normaler Teenager leben. Der Herzfehler wird mich bis zu meinem Lebensende begleiten, ich werde immer wieder neue Herzklappen brauchen. Ja, es gibt Momente, an denen ich das alles furchtbar ungerecht finde. Denn mit so einem Herzfehler auf die Welt zu kommen, ist purer Zufall. Meine Eltern haben keine Vorerkrankung, meine Mutter hat sich während der Schwangerschaft nichts zuschulden kommen lassen. Aber mal ganz im Ernst: Was ist schon ein normales Leben? Manche Menschen sind gesund, reich und schön. Aber sind sie deshalb automatisch glücklich? Jeder hat sein Päckchen zu tragen und muss bestimmte Herausforderungen meistern. Bei mir waren es bis heute insgesamt

16 Operationen. Das klingt für andere Teenager total verrückt, sie hatten höchstens mal eine Blinddarm-OP. Aber es ist tatsächlich so: Man wächst mit seinen Aufgaben. Ich musste schon so oft darum kämpfen, weiterleben zu können, dass mich nichts entmutigt. Klar werde ich niemals auf den Mount Everest klettern. Aber ich weiß, dass ich fast alles schaffe, was ich mir vornehme. Von meiner mentalen Stärke können sich Manager eine Scheibe abschneiden. Hätte ich die nicht, würde ich heute nicht mehr leben. So einfach ist das.

Ich beneide niemanden, der erst gesund aufwächst und plötzlich schwer krank wird. Sich an das Leben im Krankenhaus zu gewöhnen, muss fürchterlich sein. Bei mir war es anders, denn ich kam mit Handicap auf die Welt. Das Krankenhaus war und ist meine zweite Heimat. Die ersten Jahre meines Lebens verbrachte ich komplett auf Kinderstationen, ich kannte nichts anderes und dachte, das sei normal so. Klar schließt man auch Freundschaften mit anderen Kindern. Zu wissen, dass es denen genauso geht, hilft natürlich. Aber es gibt auch Kinder, die es nicht schaffen. Als ich neun Jahre alt war, lernte ich am Maltisch einen Jungen kennen, der wie ich einen Herzfehler hatte. Kurze Zeit später starb er nach einer Herz-OP an Nierenversagen. Erst lag er drei Wochen im Koma, dann schlief er ein. Uns trennte nur eine Glasscheibe, wir waren ja beide auf der Intensivstation. Viele denken, mit neun bekommt man nichts mit. Ich wusste aber damals schon, dass auch ich an seiner Stelle hätte sein können. Ich habe kein Trauma davongetragen. Aber ein starkes Bewusstsein für das Hier und Jetzt.

Bei einer Herz-OP musste ich immer mit etwa drei Wochen Krankenhaus, unzähligen starken Medikamenten, Infusionen, Sonden und Drainagen rechnen. Das ist natürlich viel Zeit, die man im Bett verbringt und über sich nachdenken kann. Nach einer OP am Herzen ist oft Reha angesagt. Mein Körper muss sich an die neue Klappe gewöhnen und sich erholen. Klar nervt mich schon der Geruch des Desinfektionsmittels, wenn ich nur eine Klinik betrete. Aber was hilft es denn? Es gab Phasen, in denen ich schlimme Aggressionen hatte. Ich fand mein Leben fürchterlich ungerecht. Und vor allem fand ich alle Ärzte schlimm. Ich hatte irgendwann Schwierigkeiten, ihnen zu vertrauen. Nach all den Notsituationen ist das vielleicht auch kein Wunder. Besonders, wenn ich lange im Krankenhaus lag, dachte ich darüber nach, wie oft ich den ganzen Mist noch über mich ergehen lassen muss – und wie viele Schmerzen ich dabei auszuhalten habe. Mein größtes Problem ist, dass ich eine abenteuerlustige Seele bin, die in einem kranken Körper wohnt. Ich würde am liebsten ganz viele Sportarten ausprobieren, die Welt sehen. Abwechslung finde ich großartig. Aber mein Herz findet Anstrengung kacke. Es will in Ruhe pumpen können und Hilfe bekommen, wenn die Herzklappe nicht mehr so recht will. Deshalb befinde ich mich in einem ewigen Kampf: Seele gegen Körper.

Ich lasse mir aber nicht alles verbieten. Seit drei Jahren tanze ich Ballett. Ich bin meiner Mutter fünf Jahre damit auf den Geist gegangen. Ich verstehe, dass sie Angst um mich hat. Natürlich kann ich nicht die wirklich schwierigen Übungen machen. Wenn sich der Bauch zu sehr dehnen muss, bin ich raus. Und Sprünge sind für mich auch kein Kinderspiel. Aber mit Spitzenschuhen durch das Studio tänzeln? Das liebe ich! Man muss sich klarmachen, dass ich bis vor Kurzem nicht mal Bauchmuskeln hatte. Deshalb darf ich mich keinesfalls mit den gesunden Mädchen im Kurs vergleichen. Es ist jedes Mal ein Wunder, wenn ich die Spitzenschuhe und meine Ballettkleidung anziehe. Mein Lebenstraum wäre es, Kunstturnerin zu sein. Das ist so elegant, voller Anmut und Körperbeherrschung. Einen Tag in der Leistungssporthalle verbringen, das wäre der Knaller.

Frauen und Schönheit, das ist für mich so ein Thema. Manche meiner Freundinnen regen sich auf, wenn sie nach einer Verletzung eine Mininarbe davontragen. Ich habe nicht mal einen

Bauchnabel, wurde von oben bis unten immer wieder aufgeschnitten. Mein Oberkörper ist mit Narben übersät. Mein Brustbein wurde dreimal aufgesägt. Manchmal denke ich, dass sich meine Freunde nicht so anstellen sollen. Aber dann sage ich mir: Celine, du kannst dich nicht mit einer Gesunden vergleichen. Wenn sich jemand ein Bein bricht, ist das für denjenigen eine Katastrophe. Für mich wären es nur drei Monate, in denen ich noch weniger mobil bin. Jeder hat eine andere Perspektive auf das Leben, auf Gesundheit und Krankheit, auf Schönheit und Attraktivität. Ich darf mit anderen nicht zu hart ins Gericht gehen. Aber hin und wieder macht es mich schon traurig zu sehen, wie wenige Leute in meinem Alter ihren kerngesunden Körper wertschätzen. Wie wenig sie das Leben feiern. Aber wahrscheinlich ist es tatsächlich so: Man kann vieles erst als etwas Außergewöhnliches betrachten, wenn es nicht mehr selbstverständlich ist.

Ich weiß, dass die Eltern von kranken Kindern am meisten leiden. Sie sehen, wie ihr Liebling Schmerzen aushalten muss, und beten um sein Leben. Meine Mutter ist für mich die stärkste Frau der Welt. Als klar war, dass ich nie richtig gesund sein werde, hat sie ihren Job für immer aufgegeben. Sie war an jedem verdammten Tag mit mir im Krankenhaus, hielt meine Hand, machte alles möglich. Mein jüngerer Bruder zog in kritischen Zeiten zu meiner Tante, denn mein Vater arbeitet tagsüber. In den ersten Lebensjahren habe ich deshalb nur sehr wenig von meinem Bruder mitbekommen, ich lag ja lange Zeit auf der Intensivstation und war oft intubiert. Es wäre zu gefährlich gewesen, einen kleinen wilden Jungen zu mir zu lassen.

Ich nehme oft an Jugendcamps der Deutschen Herzstiftung teil. So habe ich Reiten und Skifahren gelernt. Und Klettern waren wir auch schon. Natürlich können wir solche Sportarten nur langsam machen. Immer schön auf das Herz hören. Dort sind Leute wie ich, die es auch immer schwer hatten, Freunde zu finden. Kinder wollen miteinander Rad fahren oder Barbie spielen und sich nicht gegenseitig auf der Intensivstation besuchen. Außerdem darf man mit einem sehr schlechten Immunsystem kaum Besuch empfangen. Jedenfalls waren wir letzten Sommer zusammen beim Segeln. Zwanzig Jugendliche, die von Eckernförde aus nach Dänemark gesegelt sind. Jeder mit seinem eigenen Herzproblem. Es gab einen Abend, da saßen wir an Deck, der Wind blies uns um die Ohren, wir sahen die Sonne untergehen. Und wir sprachen offen über unser Leben. Und auch über den Tod. Wir sind richtige Profis, kennen die genialsten Herzchirurgen Deutschlands und wissen, wo man am besten zur Reha hingeht. Auf dem Segelschiff spürte ich, dass mein Leben auf eine merkwürdige Art und Weise etwas Besonderes ist. Viele spüren ihr Herz zum allerersten Mal, wenn sie Liebeskummer haben. Ich bin ihm für jeden einzelnen Schlag dankbar.

Bei einer Reiterwoche, die vom Bundesverband *Herzkranke Kinder e.V.* organisiert worden war, lernte ich Patrick kennen. Er war dort als Betreuer, das war vor zweieinhalb Jahren. Gleich am Anfang sprach das komplette Mädchenzimmer von ihm – ich natürlich auch. Als ich einen Gartenstuhl zusammenschrauben sollte, versagte ich auf der ganzen Linie – handwerklich bin ich nicht gerade begabt. Patrick half mir, ganz der Gentleman. Da wurde ich natürlich noch nervöser. Nach der Ferienwoche hielten wir Kontakt, was ich total schön fand. Ich hätte nämlich nicht gedacht, dass sich Patrick für mich interessiert. Wir schrieben uns Kurznachrichten, chatteten, telefonierten. Und das wöchentlich. Ich spürte, dass Patrick mich versteht. Er selbst kam auch mit einem Herzfehler auf die Welt. Zwei Arterien waren bei ihm vertauscht, das Herz pumpte sozusagen rückwärts: Das schlechte Blut lief ins gute hinein. Mit acht Wochen wurde er zum ersten Mal operiert. Die Ärzte prognostizierten ihm eine Lebenserwartung von zwei Jahren. Er ist jetzt 25 Jahre alt. Heute nimmt er am Tag 11 Medikamente für sein Herz und gegen den Lungenhochdruck, den er wegen seiner Herzprobleme hat. Ohne sie wäre er nicht lebensfähig. Für Patrick ist jeder Morgen genauso wenig selbstverständlich wie für mich. Wir finden beide, dass man im Leben nicht viel mehr Glück haben kann, als jemanden zu treffen, der einen versteht. Patrick gibt auch Workshops für herzkranke Kinder. Weil er weiß, wie wichtig es ist, zu wissen, dass andere dasselbe durchmachen. Dieselben Ängste haben.

Im letzten halben Jahr wurde es intensiver zwischen uns beiden, wir schrieben und sprachen noch häufiger, trafen uns auch. Seit drei Monaten sind wir zusammen. Es fühlt sich wundervoll an, mit ihm das Leben zu teilen. Und die 250 Kilometer zwischen uns können uns nichts anhaben. Wir feiern jeden Moment, den wir miteinander haben. Bevor wir ein Paar wurden, hatte ich immer die Befürchtung, vielleicht niemals jemanden zu treffen, der mich so liebt, wie ich bin. Mit meinem kaputten Körper, den ganzen Narben und vielen Einschränkungen. Bei Patrick fühle ich mich gesehen, geliebt und verstanden. Er träumt wie ich von einer Familie, später mal.

Mein größter Wunsch? Einen Tag lang komplett gesund sein, frei von Ängsten und Verboten leben können. Das wäre das Größte. Und dann alles machen, was ich verpasst habe. Zum Beispiel Achterbahn fahren. Ansonsten habe ich Träume wie jede andere junge Frau auch: mit zwanzig in einer eigenen Wohnung leben, einen Freund haben (den habe ich ja jetzt!). Und ich würde gern durch New York laufen und Sport treiben. Was für andere normal ist, reizt mich besonders. Dabei darf ich wegen des Drucks in der Kabine eigentlich keine Langstrecke fliegen, das schadet meiner Herzkammer. Manchmal macht mich das trotzig, dann will ich es unbedingt, aus Prinzip! Aber mein Körper zeigt mir recht schnell meine Grenzen auf. Oder mein Kardiologe. Es gibt ein paar Dinge, auf die ich schlichtweg verzichten muss. Das macht mich aber nicht bitter. Ich lebe und erlebe gerade meine erste große Liebe. Ein größeres Glück gibt es eigentlich nicht.

KAPITEL 2

»Man sollte Respekt vor dem Leben haben.«
Interview mit Professor Heinrich Netz,
Spezialist für Herztransplantationen bei
Babys, Kindern und Jugendlichen

»It's the heart that really matters in the end.«
Songtext aus *Little wonders* von Rob Thomas

Die meisten spüren ihr Herz zum ersten Mal richtig, wenn sie verliebt sind. Dann pocht es wie wild, sobald man auch nur an den tollsten Menschen der Welt denkt. Ansonsten pumpt das Herz zuverlässig Blut durch unseren Körper; es tut seinen Dienst, ohne viel Aufhebens darum zu machen. Und doch haben viele Menschen das Gefühl, dass das Herz ein besonderes Organ ist. ›Etwas liegt uns am Herzen‹. ›Jemand bricht uns das Herz‹. Solche Redewendungen kommen nicht von ungefähr. Wir denken, dass unsere Seele mit dem Herzen verknüpft ist. Umso schlimmer, wenn etwas mit ihm nicht stimmt. Celine (Kapitel 1) hat es erlebt. Sie kam mit einem Herzfehler auf die Welt und wird ihr Herz lebenslang nicht für selbstverständlich nehmen können, denn es wird schwach bleiben und immer wieder Operationen brauchen.

Bei manchen Patienten steht es um ihr Herz aber so schlecht, dass sie ein neues brauchen. Die weltweit erste Herztransplantation bei einem Menschen fand 1967 im südafrikanischen Kapstadt statt. Bei den ersten Operationen verstarben die Patienten allerdings kurze Zeit nach dem Eingriff. Erst seit den

Achtzigerjahren werden Herzen mit mehr Erfolg und Routine transplantiert.

Professor Heinrich Netz hat im kalifornischen Loma Linda gelernt, wie man diesen komplizierten Eingriff bei Babys und Kindern durchführt. 1988 leitete er das erste Ärzteteam in Deutschland, das bei einem Neugeborenen ein Herz transplantierte. Heute praktiziert Heinrich Netz im Münchner Uniklinikum Großhadern. Im Jahr transplantiert er zwischen fünf und zehn Herzen bei Babys, Kindern und Jugendlichen. Insgesamt werden in Deutschland jährlich zwischen dreißig und fünfunddreißig Herzen bei jungen und sehr jungen Menschen transplantiert – das sind zehn Prozent aller Herztransplantationen.

Ich traf ihn zum Gespräch in seiner Abteilung für Kinderkardiologie und Pädiatrische Intensivmedizin des Münchner Uniklinikums Großhadern.

Was bedeutet es emotional für Ihre jungen Patienten, ein neues Herz zu bekommen?

Da hat sich in den letzten Jahrzehnten viel verändert. Gerade in der Anfangsphase, als Herztransplantationen noch etwas vollkommen Neues waren, hat man viel Negatives gelesen. Etwa, dass die Patienten seelische Probleme mit ihrem neuen Organ bekämen. Man befürchtete, dass ein Stück Seele mittransplantiert wird. Dass sich die Menschen charakterlich verändern, dass sie vom Spender in irgendeiner Form mehr bekommen als »nur« eine Pumpe. Diese Sorgen, die eher ins Philosophisch-Ethische gehen, haben wir heute weniger. Die Jugendlichen sind wesentlich rationaler. Viele sehen die Dinge klarer als Erwachsene. Ich bin manchmal beeindruckt, wie offen ich mit ihnen reden kann – und welche interessanten Fragen sie mir stellen. Sie wollen beispielsweise wissen, ob das neue Herz beim Verlieben anders pocht.

Was ist mit Angst, spielt die nicht auch mit?

Es ist eher so, dass die Jugendlichen sagen: Ich will ein anderes Leben! Ich kann so nicht weitermachen, so langsam dahinvegetieren. Lieber setzen wir alles auf eine Karte. Und wenn es gut geht, habe ich ein schönes Leben.

Wie muss man sich die typischen Beschwerden bei einem Herzfehler vorstellen?

Die Patienten leiden unter nachlassender körperlicher Leistungsfähigkeit. Häufig ist das die Folge einer Herzmuskelentzündung; die Beschwerden können ganz akut auftreten. Man hat einen Infekt und erholt sich nicht – das belastet das Herz. Man fühlt sich immer schwächer, bis hin zu Bettlägerigkeit. Die Erkrankung kann aber auch einen schleichenden Verlauf nehmen. Etwa bei einer angeborenen Störung. Dabei prägt sich das Krankheitsbild erst nach zehn oder fünfzehn Jahren so aus, dass die Patienten immer weniger machen können. Sie kommen dann beispielsweise die Treppe nicht mehr hoch. Das wirkt sich natürlich auch auf die Schule aus, auf die Konzentration. Erst versuchen wir Ärzte, mit Medikamenten zu helfen. Denn das eigene Herz ist immer das Beste – und das versuchen wir zu erhalten. In manchen Fällen führt aber kein Weg daran vorbei, dass die Kinder und Jugendlichen hier in der Klinik bleiben und gelistet werden. Dann beginnt die lange Wartezeit auf ein Spenderorgan.

Wenn dann ein neues Herz da ist, wie gehen die Jugendlichen in so eine OP?

Bei einer reinen Herz-Muskel-Schwäche, das ist der häufigste Fall, ist der operative Eingriff mit einem geringen Risiko behaftet. Die Patienten wurden nicht voroperiert, es gibt keinen angeborenen Herzfehler. Ich erkläre meinen Patienten also, dass sie sich nicht sorgen müssen. Mein Gefühl ist, dass sie nicht mehr

Angst haben als alle anderen Menschen auch vor einem Eingriff. Keiner findet eine Narkose schön.

Anders ist es bei einem angeborenen Herzfehler, wenn schon viele Voroperationen notwendig waren. Diese Patienten gehen ungewisser in eine OP. Aber weil sie eine Reihe von Eingriffen hinter sich haben – und einen ganz anderen Leidensweg bestreiten mussten –, wissen sie, dass jede OP schiefgehen kann. Sie nehmen das sehr bewusst an. Und wie bereits gesagt: Alle sehnen sich nach einem besseren Leben – und manchmal ist die Transplantation eben der einzige Weg.

Gibt es auch Jugendliche, die eine Transplantation ablehnen?

In den Achtzigerjahren behandelte ich eine Jugendliche, die starke Einwände hatte und nicht transplantiert werden wollte. Ihr Zustand verschlechterte sich drastisch, sie kollabierte und hatte einen Herzstillstand. Wir mussten sie für einige Wochen an ein Kunstherz anschließen. Damals war der Organmangel noch nicht so ausgeprägt wie heute – und die Patientin brauchte dringend ein neues Herz. Kurzum: Als sie aufwachte, schlug ein Spenderherz in ihrer Brust. Sie war erst einmal sauer. Auf mich und auch auf ihre Eltern. Ich habe stundenlang mit ihr gesprochen. Doch sie fühlte sich unwohl mit dem fremden Organ, wollte das neue Herz nicht. Und auch mit den vielen Medikamenten, die sie im Zuge der Transplantation nehmen musste, war sie unglücklich. Und dass sie immer wieder in der Klinik untersucht werden musste. Es war eine unglaublich schwierige Situation.

Gibt es in solchen Fällen psychologische Unterstützung?

Nicht nur dann, sondern bei jeder Transplantation. Das ist in Deutschland per Gesetz so festgelegt. Jeder Patient wird von einem Psychologen betreut. Bei Erwachsenen übernimmt das meist ein Psychiater.

Wie reagieren Eltern, wenn Sie ihnen sagen, dass ihr Neugeborenes mit seinem Herzen nicht lange überleben wird?

Ich habe ja schon sehr viele Gespräche dieser Art geführt. Ein betroffener Vater sagte zu mir:»Wenn mein Kind mit drei Jahren von einem Auto überfahren werden würde, dann hätte ich es doch auch haben wollen. Also ist diese Unsicherheit für mich kein Thema. Wir wollen das Kind, solange es geht, bei uns haben.« Das war eine der Reaktionen, die mir in Erinnerung geblieben sind. Ein Teil der Eltern hat den Eingriff auch abgelehnt. Ich biete in solchen Fällen an, dass ich das Sterben begleite. Dass das Kind also schmerzfrei von uns gehen kann. Auch das gehört zum medizinischen Beruf.

Man muss sich vergegenwärtigen, dass es bis Mitte der Achtzigerjahre absolutes Neuland war, einem Neugeborenen ein fremdes Herz einzusetzen. Wir konnten also nicht auf Erfahrungswerte zurückgreifen oder gar Erfolgsgeschichten erzählen. Natürlich kommt da Panik hoch, wenn der Kardiologe einräumt:»Wir machen diese Eingriffe erst seit ein oder zwei Jahren.« Heute sehen die Eltern, dass die Überlebensrate hoch ist und die Lebensqualität für lange Zeit gut. Das macht es der heutigen Generation leichter, eine Entscheidung zu treffen. Es geht immer um positive Beispiele. Deshalb kann man die Gespräche von damals nicht mit denen von heute vergleichen. Wir waren ja so etwas wie Pioniere; jede OP war mit großer Unsicherheit verbunden.

Aber auch heute gilt: Am Ende des Tages ist es etwas völlig anderes, ob man einem Fünfzigjährigen in Aussicht stellt, dass er mit seinem neuen Herzen noch zehn gute Jahre haben wird. Er wird jeden Tag genießen und sich über die Extrazeit freuen. Oder ob ein Baby »nur« zehn Jahre Lebenszeit gewinnt; das wirkt eher wie eine Bedrohung.

Wie verarbeiten die Eltern, dass ihr Kind ein neues Herz braucht?

Für die Eltern ist das natürlich eine besonders schwierige Situation – sie denken schließlich ganz anders als ein kranker Jugendlicher. Meine jungen Patienten leben mehr im Moment. Sie verlieren vielleicht ein Schuljahr und es nervt sie, so lange im Krankenhaus bleiben zu müssen. Die Eltern aber wissen, wie viel auf dem Spiel steht. Wenn wir sagen, dass die Tochter oder der Sohn transplantiert werden muss, haben sie das Abitur oder die Hochzeit im Kopf – daran denkt ein Jugendlicher noch nicht. Eltern sind anders belastet, weil sie die mögliche Zukunft ihres Kindes vor Augen haben. Und es ist immer auch ein Unterschied, ob man selbst weiß, wie es einem geht. Oder ob ich bei jemandem herausfinden möchte, wie es gesundheitlich um ihn steht. Etwa, wie stark die Schmerzen sind. Deshalb sind mir die Elterngespräche sehr wichtig.

Wartet ein Patient auf ein Spenderorgan, muss er unter Umständen viele Monate im Krankenhaus liegen. Wie gehen die Familien damit um?

Eine lebensbedrohliche Krankheit ist für alle Familienmitglieder enorm belastend. Auch deshalb, weil Herztransplantationen in Deutschland in nur vier Zentren durchgeführt werden. Wenn die nächste Klinik ein paar hundert Kilometer entfernt ist und die Familie einen Bauernhof in Niederbayern zu bewirtschaften hat – um mal ein Beispiel zu nennen –, kommen existenzielle Ängste hoch. Heute ist es selbstverständlich, dass immer ein Elternteil beim kranken Kind ist. Für kürzere stationäre Aufenthalte haben wir zum Glück die Möglichkeit, die Mutter oder den Vater im Zimmer des Kindes übernachten zu lassen. Ich empfehle den Familien bei längeren Aufenthalten, ins Ronald-McDonald-Haus zu gehen. Dort werden sie von den enormen emotionalen Belastungen auch mal abgelenkt, bekommen ein großes Frühstück serviert und können sich mit anderen Eltern austauschen. Bleiben die Eltern hingegen 24 Stunden am Tag und sieben Tage die Woche auf der Station, drehen sie irgendwann durch; dann sind die Nerven am Ende. So sind sie weder ihrem Kind noch uns Ärzten eine Hilfe. Jeder muss mal auftanken.

Wie wichtig ist mentale Stärke bei den jungen Patienten?
Ohne sie geht es nicht. Ein bleibendes »Ich will nicht weiterleben« habe ich allerdings noch nie erlebt. Aber klar, Durchhänger gibt es immer wieder. Das finde ich nur zu verständlich. Wenn man sechs Monate rund um die Uhr im Krankenhaus liegt, schlägt das nun mal auf die Stimmung. Gerade für Jugendliche ist es eine wahnsinnig lange Zeit. Am Anfang bekommt man noch oft Besuch, aber dann lässt das nach. So sind die Menschen – und draußen geht das Leben weiter. Heute ist es mit Facebook und Skype natürlich leichter, die Freundschaften aufrechtzuerhalten und in Kontakt zu bleiben.

Auch nach einer Transplantation müssen wir auf die mentale Stärke der Patienten bauen können. Sie spielt für den weiteren Verlauf eine extrem große Rolle. Es geht um die Bereitschaft, auf sich aufzupassen und nicht alles als Verbot aufzufassen. Die Patienten sind ja immunsupprimiert. Das Immunsystem des Körpers wird also unterdrückt, damit er sich mit dem neuen Herzen verträgt. Diese »Willkommensgesten« gelten aber auch für Bakterien und Viren. Hygienemaßnahmen sind jetzt alles entscheidend. Muss ich Mundschutz tragen? Darf ich im Restaurant Salat essen? Was ist mit bestimmten Käsesorten und mit Joghurt? Es sind die kleinen Dinge des Alltags. Ob man einen Apfel vom Baum essen darf oder nicht. In die Disko gehen, U-Bahn fahren, Menschenansammlungen – bitte nur mit Mundschutz. Es gibt Jugendliche, die sehr einsichtig sind – und die diese Maßnahmen eben nicht als Verbote empfinden. Ich versuche, meine Patienten zu motivieren, dass sie Verantwortung für ihren Körper übernehmen. Dass sie die Maßnahmen einsehen und wir nicht um jeden Punkt feilschen müssen. Dass sie selbst überlegen, was sie ihrem Körper zumuten. Und dass sie dann für sich entscheiden: Dieses Risiko möchte ich heute bewusst eingehen, die Party ist mir einfach sehr wichtig.

Ist die Pubertät auch für Sie als behandelnden Arzt eine Art Ausnahmesituation?

Sie ist auf jeden Fall auch für uns eine schwierige Zeit. Ich habe erlebt, dass Patienten unterbewusst rebellieren – gegen ihre Krankheit und gegen das neue Herz. Sie nehmen ihre Medikamente nicht zuverlässig ein. Man muss befürchten, dass es zu einer Art verzögertem Selbstmord kommt. Herzen können dann tatsächlich verloren gehen. Als Arzt denkt man in solchen Situationen schon mal: »Herrschaftszeiten! Das hätte nicht so laufen müssen. Wenn er oder sie nur gewollt hätte.«

Sie sagen, dass Jugendliche klare Entscheidungen für sich und ihr Leben treffen.

Es ist bewundernswert, wenn man 18-Jährige sieht, die ganz bewusst Risiken eingehen. Sie reden nicht nur dumm daher, sie können genau einschätzen, dass sie jetzt mit Sorge und Angst in diese nächsten Monate gehen werden. Bei einer Patientin wäre es besser gewesen, wenn wir sie »high urgent« gelistet hätten; sie brauchte wirklich dringend ein neues Herz. Meine Empfehlung war also, dass sie bei uns in der Klinik bleibt und auf ihr Spenderherz wartet. Sie wollte aber unbedingt ihr Abitur machen. Ihr Leben stand auf der Kippe, es hätte jederzeit akut werden können. Am Ende ist aber alles gut ausgegangen.

Kompliziert wird es bei jungen Menschen, die ihren Sport über alles lieben. Da musste ich auch schon mal Wettkämpfe verbieten. Ich erläutere ihnen klipp und klar, wie es aussieht und dass sie ab einem gewissen Punkt volles Risiko gehen. Manche

Patienten entscheiden aber für sich, dass sie den Sport trotzdem betreiben wollen, weil er ihnen so wichtig ist. Weil sie für Wettkämpfe aber meine Unterschrift brauchen, können sie nicht teilnehmen. Das sind auch für mich schwere Entscheidungen. Ich weiß ja, wie sehr das Herz – auch das neue – an Dingen hängt.

Sie sind täglich mit Leben und Tod konfrontiert – aber auch mit Chancen. Hat Sie das verändert?
Das ist eine gute Frage. Ich denke, man sollte Respekt vor dem Leben haben. Am besten, bevor man diesen Beruf ergreift.

KAPITEL 3

»Ich bin dem Krebs auch dankbar – für meine zweite Chance.«

Julian, 17, Ewing-Sarkom (Knochenkrebs)

Die Wahrheit ist: Der Krebs hat mir das Leben gerettet. Bevor ich ihn hatte, war ich ein ziemlich wilder Typ, der sich schnell hat provozieren lassen. Beim Kickboxen hatte ich gelernt, mich zu verteidigen. Also habe ich nicht lange gefackelt, wenn ich abends mit meiner Gang in der Stadt unterwegs war und uns jemand dumm kam. Ich fühlte mich stark und erhaben – wusste aber gleichzeitig nicht so recht, wer ich war. Meine Noten in der Schule waren schlecht, es hagelte Verweise, weil ich mich am laufenden Band danebenbenahm und niemanden als Respektsperson akzeptierte. Im Rückblick kann ich sagen, dass mein Leben ziemlich kompliziert und anstrengend war, ich ruhte nicht gerade in mir. Keine Ahnung, wie es heute laufen würde, wäre der Krebs nicht dazwischengekommen. Ich glaube, dass ich diesen Gong einfach gebraucht habe. Aber der Reihe nach.

Ich war gerade 14 Jahre alt geworden, da fuhr ich mit meiner Familie und einem guten Freund in die Ferien nach Sardinien. Das war im Sommer 2011. Die sechs Monate davor hatte ich immer wieder Probleme mit meinem linken Bein. Schubweise kamen abends Schmerzen, die ich nicht recht zuordnen konnte. Ich überlegte, ob das eine Muskelzerrung sein könnte, vielleicht vom Kickboxen. Meine Mom wollte mich mehrfach zum Arzt schicken, ich winkte ab. »Wird schon nichts Dramatisches sein«, sagte ich und verdrängte die Schmerzen. Vielleicht kamen sie ja auch vom Wachstum. Jedenfalls dauerte die Autofahrt nach Sardinien mit Fähre und allem Drum und Dran über zehn Stunden. Als ich endlich aussteigen wollte, konnte ich mein linkes Bein kaum noch bewegen. So höllisch weh tat es. Und krass geschwollen war es auch. Schlagartig ging es mir richtig dreckig. Das waren die Schmerzen meines Lebens. Also ohne Umwege ins Krankenhaus. Ein super Start in die Sommerferien!

Mein Dad stammt aus Sardinien, meine Cousine ist dort Orthopädin. Das war mein großes Glück, sonst hätten wir uns im Krankenhaus ja kaum verständigen können. Sofort wurde ein CT angeordnet. Der Arzt wirkte ernst und meinte, wir sollten besser direkt wieder zurück nach Deutschland fahren. Natürlich hat mir keiner gesagt, dass ein Tumor am Knochen entdeckt worden war, der sich durchs lange Sitzen im Auto mit Blut gefüllt hatte. Ich dachte, dass mir jetzt eine kleine Operation bevorstünde – und dass danach alles wieder beim Alten wäre. Und klar, ich war eher sauer, weil meine langersehnten Ferien direkt am ersten Tag wieder vorbei waren.

Auf der Rückfahrt hatte ich viel Zeit, mir Gedanken zu machen. Mir wurde klar, dass das doch nicht so eine kleine Sache sein konnte. Der italienische Arzt hätte uns ja nicht wegen eines Mini-Eingriffs zurückfahren lassen. Mein Bauchgefühl sagte mir, dass irgendetwas Großes passieren würde. Etwas, das alles verändert.

Zurück in Augsburg ging es für mich direkt in die Notaufnahme der Kinderklinik. Erst wurde Blut abgenommen – und nach ein paar weiteren Untersuchungen setzte sich eine Onkologin zu mir und sagte: »Ich habe schlechte Nachrichten. Du hast einen Tumor im Bein.« Meine Eltern und mein bester Freund standen dabei. Sie fingen direkt an zu weinen. Ich weiß nicht, was in dem Moment in mir vorging. Ich grinste bloß und sagte: »Ich wusste es eh schon.« Es stellte sich heraus, dass mein gesamter

Oberschenkelknochen vom Krebs zerfressen war. In der Mitte hatten sich drei Geschwüre gebildet, die so groß wie Mandarinen waren. Die ganze Nummer war mehr als akut, also behielten sie mich gleich im Krankenhaus, damit die Chemotherapie direkt eingeleitet werden konnte.

Ich hatte ein Ewing-Sarkom. Das ist sehr selten, kommt nur etwa sechzigmal im Jahr in Deutschland vor. Weshalb so ein Tumor entsteht? Dafür gibt es keine Erklärung, es ist ein Scheißzufall. Einfach Pech gehabt, es kann jeden erwischen. Gegen dieses Ewing-Sarkom kennen die Ärzte nur ein Mittel: die allerstärkste Chemo, die man bei Knochenkrebs einsetzt. Mir wurde ein Katheter gesetzt, aus dem drei Schläuche kamen. Das Ganze lief dann so ab: drei Tage Chemo, zwei Tage spülen. Vier Liter Flüssigkeit wurden an den Spültagen durch meinen Körper gejagt. Ich hatte die krassesten Nebenwirkungen: Halluzinationen, dreimal Erbrechen in der Stunde, Pilzinfektionen im Mund. Ich konnte rein gar nichts essen, hatte permanent einen widerlichen Geschmack im Mund. Irgendwann wog ich nur noch 34 Kilogramm – und das bei einer Größe von 1,72 Meter. Nach zwei Blöcken stand fest, dass diese Extrem-Chemo nichts ausrichten konnte. Mein Tumor war stärker, er ging einfach nicht zurück.

Bei einem Knochentumor ist es wichtig, dass die Ärzte die anderen Organe beobachten. Denn diese Art von Krebs streut wie wild Metastasen im Körper. Für meine Krebsart ist es üblich, dass die Lunge befallen wird. So war es dann auch. Hätte meine Onkologin die Metastasen nicht entdeckt, wäre ich zwei Wochen später gestorben. Das muss man sich mal reinziehen, so knapp war es. Ich habe so was von eine zweite Chance bekommen. Insgesamt war ich viermal auf der Intensivstation – und jedes Mal mehr tot als lebendig. In der Zeit liegt man nur herum und kann kaum einen klaren Gedanken fassen. Die Ärzte pumpen einen voll mit Medikamenten, ich fühlte mich ziemlich fremdbestimmt.

Wenn ich wieder auf der normalen Station war, mutierte ich zum Spielsüchtigen. Meine Familie entpuppte sich als superspendabel. Ich bekam einen Laptop, eine Playstation, Kopfhörer und eine Gitarre. Tagelang habe ich durchgezockt: *Call of Duty* und *League of Legends* waren meine Lieblingsspiele. Da konnte ich in eine andere Welt abtauchen, alles um mich herum vergessen. Bei uns auf der Station gab es aber auch ein Kinderspielzimmer. Unter normalen Umständen wäre es mir wohl ziemlich unangenehm gewesen, mit einer Erzieherin *Das Spiel des Lebens* zu spielen. Aber wenn man nicht weiß, wie lange man es noch macht, kann man auch ein paar Stunden im Spielzimmer genießen. Es klingt streberhaft, aber man wird ein bisschen demütig. Nichts mehr ist so richtig selbstverständlich. Ab einem gewissen Punkt ist man einfach nur froh, wenn man nicht dauernd kotzen muss oder keine offenen Schleimhäute mehr im Mund hat.

Eine ziemlich lange Zeit konzentrierten sich alle auf meine Lunge. Ich sah immer wieder mein linkes Bein an und machte mir so meine Gedanken. Und hatte eine böse Vorahnung – spürte aber, dass keiner so richtig mit mir reden wollte. Nur wenn ich mal eine konkrete Frage stellte, kam eine Antwort. Aber meistens eine ungefähre. Es ist merkwürdig, dass Erwachsene glauben, als Jugendlicher kommt man mit der Wahrheit nicht klar. Oder kann Trauriges nicht ertragen. Man kann niemandem einen Vorwurf machen, sie wollen uns ja nur schützen. Aber man bekommt doch viel mehr mit. Zum Beispiel die traurigen Augen meiner Mom, die ich täglich sah. Ich habe eine Halbschwester und zwei Stiefbrüder, eine richtige Patchworkfamilie sind wir. Meine Mom hat eine Wirtschaft. Irgendwie hat sie es in der Zeit geschafft, alles so zu organisieren, dass sie jeden Tag bei mir im Krankenhaus sein konnte.

Auf der Kinderstation war ich die Stimmungskanone. Bei mir im Zimmer wurde immer gelacht, das war wie eine Grundregel. Wir todkranken Teenies haben uns gegenseitig verarscht.

Und ich habe mich auch um die Kleineren gekümmert, sie aufgebaut und sie mit Späßen abgelenkt, wenn sie zum Beispiel nichts essen wollten. Zu einem Jungen bin ich immer zum Frühstück gegangen und habe ihn aufgeheitert. Er hat es leider nicht geschafft. Er starb, als ich auch noch auf der Station war. Nach seinem Tod hat mir sein Vater geschrieben, dass ich derjenige gewesen war, der seinen Sohn am besten zum Lachen gebracht hat – und dass er sich dafür bedanken will. Seine Worte haben mich schon sehr berührt. Sie haben mir gezeigt, dass man überall etwas bewirken kann. Ob man im Klassenzimmer hockt, irgendein abgefahrenes Fach studiert oder auf der Krebsstation liegt. Man kann immer das Beste aus der jeweiligen Situation machen und seinen Mitmenschen etwas Gutes tun. Oh Gott, jetzt klinge ich schon wie so ein Guru. Ich habe übrigens auch mitbekommen, wie Kinder und Jugendliche mit sich und ihrem Leben abschließen. Denen die ganzen Therapien und Untersuchungen zu viel geworden sind. Und die dann irgendwann gestorben sind. Wenn man sich aufgibt, stirbt man. Deshalb muss man immer weiter lachen und für Fröhlichkeit sorgen. Egal, wie scheiße es im Leben gerade läuft.

Am 25. Januar 2012 wurde mein Bein amputiert. Dafür wurde ich extra von Augsburg nach Ingolstadt gefahren, weil es dort einen Spezialisten für genau die OP gibt, die für mich vorgesehen war. Über acht Stunden dauerte der Eingriff. Vorher habe ich geweint. Es war das erste Mal in der ganzen Zeit, dass mir nach Heulen zumute war. Die Vorahnung, dass mein Bein dran glauben müsste, war ja von Anfang an in meinem Kopf. Jetzt war die Befürchtung mehr als konkret. Vor der OP wusste ich aber nicht, wie krass schmerzhaft dieser Abschied wird.

Eigentlich würde man ja denken, dass so eine Amputation in einer Stunde durch ist: Narkose, Säge, Bein ab, aufwachen. Bei mir war es komplizierter. Mir wurde nämlich erst das gesamte Bein abgenommen. Dann setzten mir die Chirurgen den

Unterschenkel ab unterhalb des Knies da hin, wo mein Oberschenkel begann – aber um 180 Grad gedreht. Das Sprunggelenk ersetzt jetzt das Kniegelenk. Es ist etwas kompliziert und nicht viele Menschen leben damit. Aber weil bei mir nur der Oberschenkelknochen komplett im Arsch war, konnte man den Rest des Beins ja schlecht mit wegwerfen.

Nach den acht Stunden in Narkose wachte ich aus der OP auf und hatte Halluzinationen. 32-mal fragte ich die Krankenschwester, weshalb ich Kopfhörer aufhabe. Dabei trug ich eine Sauerstoffmaske. Ich kann nicht beschreiben, wie dreckig es mir ging. Ich verlangte nach einer Cola und erbrach sie sofort wieder. Ich hatte sehr viel Blut verloren und war schwach. Als die Schmerzmittel nachließen, war ich in der Hölle. Ich schrie und konnte keinen klaren Gedanken fassen. Die Ärzte wollten mir aber kein Morphium geben. Dann rief meine Mom bei meiner Onkologin in Augsburg an. Zehn Minuten später hatte ich eine Morphiumpumpe und konnte das Schmerzmittel so dosieren, dass ich es einigermaßen aushielt. Man muss halt die richtigen Leute kennen.

Mein Bein war 64-mal geklammert. Drei Wochen musste ich bei den Spezialisten in Ingolstadt bleiben, dann wurden die Klammern gezogen und ich konnte wieder zurück auf »meine« Station nach Augsburg – natürlich per Krankentransport. In Augsburg habe ich mich – so komisch das klingt – wohl und heimisch gefühlt. Ich finde die Station schön und mag meine Onkologin. Ich glaube, sie war richtig froh, als ich wohlbehalten zurückkam. Jetzt musste ich mich an ein Leben mit eineinhalb Beinen gewöhnen, bekam Physiotherapie und Lymphdrainage. Eine Prothese wurde gebaut. Ich hatte den Dreh schnell raus, kann sie heute in zehn Sekunden anziehen. Wenn ich eine lange Hose trage, sieht keiner, dass mir Knie, Unterschenkel und Fuß fehlen.

Als es mir einigermaßen besser ging, standen zwei Lungen-Operationen an, für jede Seite eine. Die Metastasen mussten ja noch entfernt werden, auch hier hatte die Chemo nicht richtig gegriffen. Nach beiden Eingriffen habe ich mich genauso mies gefühlt wie nach der Amputation. Zwei Metastasen lagen richtig ungünstig. Die Chirurgen mussten mir die ganze Lunge entnehmen. Crazy, oder? Nach jeder OP hatte ich dann eine Drainage. So ein Zwanzig-Zentimeter-Schlauch, der in dir drinsteckt, ist einfach das Allerletzte. Schon die Erinnerung daran macht mich fertig. Nachdem sie mir den Schlauch einmal bei Bewusstsein gezogen haben, lasse ich das nur noch mit Vollnarkose zu. Die Schmerzen sind nicht zu beschreiben. Nach so einer OP folgt – wie sollte es auch anders sein – eine Chemo. Die allerletzten Metastasen müssen schließlich auch noch zerstört werden. Das ganze Spiel also wieder von vorne. Übelkeit, Erbrechen, Pilzinfektion im Mund. Dazu noch eine Gürtelrose. Fühlt sich ein bisschen an, als hätte man die Arschkarte gezogen.

In all der Zeit war mir oft fett langweilig. Ohne meine Playstation wäre ich wahrscheinlich durchgedreht. Manchmal habe ich zehn Stunden am Tag durchgezockt. Irgendeinen Ausgleich braucht man halt zu dem ganzen Krankenhaus-Wahnsinn. Aber man gibt sich auch den kleinen Freuden hin. Mit meiner Lieblingserzieherin Moni habe ich oft eine Runde *Mensch ärgere dich nicht* gespielt.

Insgesamt habe ich 16 Monate Schule verpasst. Jetzt gehe ich in die neunte Klasse und war für kurze Zeit sogar mal Klassensprecher. Das wäre vor der ganzen Krebssache undenkbar gewesen. Ich war ja kein Heiliger und hätte mich auf so uncoole Sachen niemals eingelassen. Der Tumor hat meinen Arsch gerettet, mich zu einem neuen Menschen gemacht. Heute kriege ich mein Leben voll auf die Reihe, mein Notenschnitt liegt bei 1,5. Ich lasse mich nicht mehr so schnell provozieren und hänge mit Leuten rum, die mir guttun. Und ich lasse mich nicht runterziehen. Das Leben ist zu schön, um auch nur einen Tag traurig zu sein. Jeder kann theoretisch morgen die Diagnose bekommen, dass er Krebs im Endstadium hat. Ehrlich, mich regen Leute auf, die sich über Kleinigkeiten echauffieren. Einfach mal gechillt bleiben und sich freuen, dass man gesund und am Leben ist.

Insgesamt hatte ich vier Rehas, alle im Schwarzwald. Man könnte denken, dass da ein Haufen deprimierter Jugendlicher rumsitzt, die sich gegenseitig bemitleiden. »Echt, du hast kein Bein mehr? Schau mal, mir haben sie den Arm abgenommen!« Das Gegenteil ist der Fall. Wir haben es krachen lassen, abends Partys auf unseren Zimmern geschmissen. Ich habe das Gefühl, dass wir alle einen ziemlich guten Humor haben. Gesunde haben ja krasse Berührungsängste und behandeln uns wie Behinderte. Dabei finden wir es einfach nur geil, dass wir leben. Um das zu feiern, haben wir uns Wein und Schnaps von den Älteren in der Klinik besorgen lassen. Und es dann genossen, zynische Sprüche über Amputationen, Chemo und so weiter zu machen.

Meine große Angst vor dem Verlust meines Beins war, dass mich kein Mädchen mehr anschaut, wenn ich humpele. Kurioserweise ist das Gegenteil der Fall. Ich gehe offen und locker damit um. Das kommt anscheinend gut an. Viele Jungs sind in der Pubertät ja eher krampfig. Ich habe schon so viel durchgemacht, was soll ich mich verstecken? Einmal bekam ich von einem Typen im Freibad einen dummen Spruch gedrückt. Er rief in meine Richtung: »Schaut euch mal den Krüppel an!« Da bin ich richtig traurig geworden. Mein Kumpel hat ihm dann Prügel angedroht und die Sache war gegessen. Es gibt kein besseres Gefühl, als gute Freunde zu haben, die für einen einstehen.

Ich kann gehen und laufen, feiere in Clubs und tanze. Ich trinke und rauche und mache, worauf ich Lust habe. Letztens bin ich mit meiner Mom spontan nach Tunesien geflogen. Es waren Ferien und wir hatten nichts vor. Ich sagte: »Auf geht's, Mama!« Mich schränkt nichts ein. Gibt es einen einzigen Grund, nicht happy zu sein? Der Krebs hat mich gelehrt, keine Zeit mit Schwachsinn zu vergeuden. Und klare Ansagen zu machen. Ich rede nicht einen Monat um den heißen Brei herum. Wenn mich etwas ärgert oder ich was zu sagen habe, dann raus damit.

Ich wünsche mir eine Familie und zwei Kinder. Ein Junge und ein Mädchen und eine tolle Frau. Ein Eigentumshaus in einem schönen Vorort, am liebsten bei Augsburg, wo ich ja auch aufgewachsen bin. Und keine Schulden. Bis dahin habe ich noch ein bisschen Zeit. Jetzt mache ich erst mal meine Schule fertig.

Mentale Stärke – denn wer sich aufgibt, stirbt

»Die Seele hat die Farbe deiner Gedanken.«
Mark Aurel

Michael Phelps, der erfolgreichste Schwimmer aller Zeiten, wurde einmal gefragt, weshalb er so viel besser sei als alle anderen. »Der Unterschied zwischen Erfolg und Misserfolg beträgt nur zehn Zentimeter«, antwortete er. Damit meinte er nicht die zehn Zentimeter Armlänge oder Körpergröße, die ihn vielleicht von seinen Konkurrenten unterscheiden. Oder den Abstand zum Nächstplatzierten in der Schwimmbahn. Er meinte die zehn Zentimeter zwischen seinen Ohren. Also das, was in seinem Kopf passiert, wenn er schwimmt. Der Wille zum Sieg. Die Bereitschaft, noch mehr aus sich herauszuholen. Gut, diese Erkenntnis ist nicht unbedingt neu. Manager, Gurus und spirituelle Meister sagen seit jeher, dass man die Kraft der Gedanken nicht hoch genug einschätzen kann. Und dass sich Erfolg, Attraktivität und Glück tatsächlich im Kopf entscheiden – weil wir unsere Gedanken steuern können. Man muss aber nicht ein Unternehmen wie Apple gegründet oder unzählige Goldmedaillen gewonnen haben, um zu dieser Erkenntnis zu gelangen. Die Teenager, mit denen ich gesprochen habe, sagten mir alle, dass ab einem gewissen Punkt keine brandneue Therapie mehr greift und kein kongenialer Arzt mehr hilft. Dann muss man schlicht und ergreifend leben wollen. »Wer sich aufgibt, stirbt«, meinte Julian, als er mir von seiner Knochenkrebserkrankung erzählte. Und Kathi sagte, dass sie niemals auch nur daran gedacht hat, an Leukämie zu sterben. Obwohl es bei ihr Momente gab, in denen sie mehr tot als lebendig war. In den schlimmsten Momenten dachte sie ganz bewusst immer wieder an Sport. Sie wollte spüren, wie es sich anfühlen würde, beim nächsten Stadtlauf durchs Ziel zu kommen. Oder eine komplizierte Turnübung endlich geschafft zu haben. Nach dem Motto: Was ich mir vorstellen kann, wird eines Tages zur Realität. Visualisieren kann uns manchmal zu Superhelden werden lassen – in unseren eigenen Köpfen. Wie oft habe ich mich mit dem Abi-Zeugnis in den Händen gesehen, als ich gerade für eine schwere Matheklausur gelernt habe. Ein Tipp, den mir übrigens meine Mama gegeben hatte.

Meine Lektorin, die mit mir an diesem Buch gearbeitet hat, erzählte mir eine ähnliche Geschichte. Ihre Tochter war lebensbedrohlich erkrankt. Sie musste dialysiert werden – und es sah erst einmal nicht so aus, als würde sich ihr Zustand verbessern. Dann fingen Mutter und Tochter an, ein Gesundfest zu planen. Das Mädchen überlegte, die Mama schrieb auf. Wer soll eingeladen werden, was wird es zu essen geben? Die Rezeptlisten existieren bis heute. Als es der Tochter besser ging, sie aber noch nicht wieder laufen konnte, hat sie für jeden Gast eine Einladung gemalt. Es waren sehr viele. Meine Lektorin erzählte mir, wie sie den unbändigen Lebenswillen ihrer Tochter gespürt hat. Als die Krankheit überstanden war, wurde das große Gesundfest gefeiert. Manchmal braucht man im Leben eben eine intensive Vorfreude – nichts anderes ist es ja, dieses Visualisieren.

Vielleicht muss man tatsächlich existenzielle Erfahrungen machen, um zu erkennen, zu was wir fähig sind, wenn wir mental stark bleiben und es schaffen, unsere Gedanken in eine positive Richtung zu lenken. Hirnforscher sagen ja schon lange, dass wir Glück üben können. Und zwar, indem wir ganz bewusst an Orte und Personen denken, die wir lieben. Durch diese Art der positiven Manipulation werden jene Regionen im Hirn trainiert, die für gute Gefühle zuständig sind. Verwenden wir hingegen viel Zeit darauf, über Schlechtes nachzudenken, werden eben jene Hirnregionen stärker gefordert und wachsen entsprechend. Weil es unserem Gehirn leichter fällt, die ausgetretenen Pfade zu gehen, *haben wir dann automatisch mehr negative oder positive Gedanken – eben so, wie wir uns selbst konditioniert haben.*

Der Gedanke liegt nahe, dass man automatisch traurig wird, wenn man Dauergast auf der Kinderkrebsstation ist. Wenn man ständig Ärzte sieht und Krankenhausessen vor die Nase gestellt bekommt. Oder wenn permanent jemand zum Blutabnehmen vorbeikommt. Da muss einem ja zwangsläufig die Lust aufs Leben vergehen. Auf wundersame Weise schaffen es aber gerade die Kinder und Jugendlichen, denen es körperlich schlecht geht, fröhlich zu bleiben. »*Uns bleibt ja nichts anderes übrig, als das Beste daraus zu machen. Wenn man keine Haare mehr auf dem Kopf oder gerade sein Bein verloren hat, braucht man auch nicht mehr einen auf cool zu machen. Dann freut man sich einfach, dass man eine Runde auf der Playstation zocken kann*«*, sagte Julian. Er erzählte auch, dass er viel Zeit im Spielzimmer mit seiner Lieblingserzieherin verbrachte. Vor seiner Erkrankung wäre das undenkbar für ihn gewesen. Aber auf einmal zählte das kleine Glück – eine Runde* ›*Mensch ärgere dich nicht*‹ *zum Beispiel.*

Wir alle halten uns häufig am Negativen fest. Man wird zornig, weil das Auto nicht anspringt, die Rechnung vom Handwerker doch teurer ausfällt als gedacht oder es am Sonntag schüttet wie aus Kübeln. Oft regt man sich auch auf, weil man sich mit einer guten Freundin gestritten hat. Weil man ein bisschen zugenommen hat. Oder weil der Chef einen nicht genug lobt. Vor lauter Alltag, der gefälligst so reibungslos wie möglich ablaufen soll, vergessen wir, das Schöne wahrzunehmen. Wie wäre es stattdessen damit: Das kleine Glück sehen, während man auf das große Wunder wartet. Sich über die Freunde freuen, die sich regelmäßig melden, anstatt sich über die zu ärgern, die sich abgewandt haben. Dem Chef auch mal einen schlechten Tag gönnen – und dem Handwerker sein Geld. Und wenn es mal regnet, sich gemütlich auf dem Sofa einkuscheln und eine Kerze anzünden. Reine

Kopfsache. Man kann den Wind verteufeln. Oder ihn dafür feiern, dass er einem ordentlich den Kopf durchpustet.

Wie so oft im Leben: Es ist alles eine Frage der Perspektive. Wir können selbst entscheiden, mit welcher Einstellung wir durchs Leben gehen, welche Haltung wir einnehmen. Und wie stark wir mental sind, wenn es das Schicksal gerade nicht gut mit uns meint. Die Jugendlichen, mit denen ich gesprochen habe, zeigten mir: Es geht bei uns allen um diese zehn Zentimeter. Sie machen den kleinen großen Unterschied.

KAPITEL 4

»Es kommt ein nächster Tag, und ein übernächster Tag. Und irgendwann kehrt die Kraft zurück.«

Alexandra, 19, Leukämie

Ich habe mich mehr als jeder andere darauf gefreut, endlich 16 Jahre alt zu werden. Ich wollte feiern gehen, die ganze Nacht durchtanzen. Ich war ja schon vorher eine begeisterte Partymaus. Aber mit 16 kann man eben auch mal in einen Club gehen. Dann kam alles anders. An meinem Geburtstag gab es nämlich kein rauschendes Fest. Ich lag schon seit einem Jahr im Krankenhaus. Dies ist meine Geschichte.

»Da kommt gleich ein Patient mit einem schlimmen Virus auf die Station«, sagten die Schwestern, wenn sie die Türen zu unseren Zimmern schlossen. Nach ein paar Wochen wussten wir, dass das nicht stimmte. Sie brachten einen Toten weg. Und sie wollten nicht, dass wir seine oder ihre letzte Fahrt von der Station in den Kühlraum des Krankenhauses mitbekommen. Der Tod, er war unser ständiger Begleiter. Wir hatten uns irgendwie an ihn gewöhnt. Er machte uns keine Angst. Im Gegenteil, wir nahmen seine Anwesenheit sportlich, streckten ihm manchmal sogar die Zunge raus. Nur an den Tagen, wenn jemand mit »Ansteckungsgefahr« durch den Gang geschoben wurde, hatten wir dieses komische Gefühl im Bauch. Könnte ich die Nächste sein? Wie werden die Ergebnisse meiner Blutwerte ausfallen? Ist mein Zustand schlechter als letzte Woche? Manchmal dachte man dann über die eigene Beerdigung nach. Wer würde da kommen?

Welche Songs würden gespielt werden? Und sollte man jetzt schon mal schriftlich festhalten, dass bloß bitte keiner ganz in Schwarz kommt? Aber so richtig habe ich das nicht an mich rangelassen. Ich wusste, dass ich zu jung zum Sterben war. Und zu viele Träume hatte.

Ich bin in einem Alter mit dem Tod in Berührung gekommen, als meine Freundinnen das Weggehen für sich entdeckten. Sie standen mitten im Teenieleben, fühlten sich zum ersten Mal frei. Ich aber fühlte mich gefangen im eigenen Körper. Gequält von der Chemotherapie und ihren widerlichen Nebenwirkungen. Gehemmt von der Angst, ob alles glattgeht. Das ist die traurige Seite der Leukämie. Am Anfang versinkt man in Selbstmitleid, ist ja irgendwie klar. Als ich mich aber mit meiner Krankheit abgefunden hatte, entdeckte ich auch ihre lustigen Seiten. Zum Beispiel im Krankenhaus mit den anderen Jugendlichen. Es klingt makaber, aber die Stimmung war manchmal wie auf einer Klassenfahrt. Nur, dass wir unsere Station nicht verlassen konnten. Wir hingen im Spielzimmer ab und bastelten. Man ist ja zu zweit oder zu dritt auf einem Zimmer, schaut gemeinsam Serien und hört Musik. Wir hatten den Ruf des »Gackerzimmers«. Denn bei uns wurde immer viel gelacht. Durch die harten Medikamente bekommt man zuweilen Halluzinationen und sieht verrücktes Zeug. Allein das ist schon sehr witzig. Es war, als hätten wir uns unsere eigene kleine Welt erschaffen. Nur dann, wenn Menschen aus der richtigen Welt zu uns kamen, wurde es traurig. Weil Eltern, Geschwister und Freunde eine so große Angst haben, einen zu verlieren. Waren wir aber unter uns, konnten wir jung sein. Zwar mit kahlem Schädel und Schläuchen, die aus unseren Körpern kamen, aber mit ordentlich Flausen im Kopf.

»Ich fühle mich elend«, sagte ich immer wieder – ungefähr ein Jahr lang. Ich wusste, dass mit mir etwas nicht stimmte. Ich vergeigte einen Vokabeltest nach dem anderen, weil ich mir nichts merken konnte. Oft hatte ich Gliederschmerzen, mein ganzer Körper fühlte sich manchmal taub an. Viele Orthopäden wollten mir helfen – aber keiner konnte ausmachen, woher die Knochenschmerzen kamen. Zu Hause war ich an manchen Tagen richtig aggressiv, bin auf meine Mama losgegangen und habe sie gekratzt. Heute weiß ich, dass die Leukämie das Wesen eines Menschen verändern kann. Damals dachte ich, dass sich die Pubertät einfach nur beschissen anfühlt. Ich kannte mich selbst nicht mehr. Schließlich entschied ich, dass ich besser zu meinem Papa ziehe. Doch auch da wurden meine seelischen und körperlichen Beschwerden nicht besser. Morgens war ich so müde, dass Papa dachte, ich hätte die ganze Nacht durchgemacht. Ständig verpasste ich den Bus und er musste mich zur Schule fahren. Weil ich mich nicht mal mehr zum Ankleiden aufraffen konnte, erschien ich zum Unterricht in der Jogginghose. Manchmal habe ich die Lehrer allen Ernstes gefragt, ob ich schlafen dürfe. Was komisch war: Nachts hatte ich Fieber, tagsüber nicht. Heute weiß ich, dass das alles typische Anzeichen für Blutkrebs sind. Damals wunderte ich mich einfach nur über mich selbst.

Eines Tages, im Frühjahr 2011, es war der letzte Schultag vor den Pfingstferien, wurde mir im Schulbus plötzlich schwarz vor Augen. Ich bin dann mehr oder weniger blind ausgestiegen. Mein Onkel arbeitete nicht weit von der Bushaltestelle entfernt. Ich bin direkt zu ihm gegangen. Meine Mama holte mich dort ab und brachte mich zu unserer Hausärztin. Zum Glück handelte sie schnell. Sie checkte mein Blut und sah, dass da etwas nicht stimmte. Überweisung zum Onkologen. Der schloss eine Leukämie erst einmal aus und schickte mich wieder nach Hause. Doch dann klingelte einen Tag vor Pfingsten abends um halb sechs das Telefon. Es war ein wunderschöner Sonnentag, ich saß mit ein paar Freunden im Garten, wir hatten uns spontan zum Picknick getroffen. Ich sollte sofort in die Praxis kommen. Eine böse Vorahnung machte sich breit. »Das war's jetzt erst mal mit Schule«, sagte der Onkologe zu mir. »Du hast nämlich Blutkrebs.«

Das war am 20. Juli 2011, ich war gerade 15 Jahre alt geworden. Später stellte sich heraus, dass ich zu diesem Zeitpunkt nur noch etwa eine Woche zu leben gehabt hätte. Ich rannte aus der Praxis, setzte mich in Papas Auto und rief sofort meine drei besten Freundinnen an, Konferenzschaltung. »Mädels, ich habe Leukämie!« Großes Heulen. Da musste ich lachen. Die Situation war einfach zu absurd. Mein Papa wollte erst mal in die Kirche zum Beten, er ist ein gläubiger Mensch. Später bin ich mit dem Radl zu einem Kumpel gefahren. Ein Freund hat mit dem Auto meine engsten Vertrauten eingesammelt. Da saßen wir dann, hörten Musik. Mir war klar, dass das unser letzter gemeinsamer Abend als Clique sein wird – vielleicht für immer. Ich fühlte mich wie im falschen Film.

Am nächsten Tag morgens um 11 ging es direkt ins Krankenhaus. Dort kommst du auf eine Station, auf der keiner Haare hat. Wie in einer anderen Welt. Ich fühlte mich komplett fehl am Platze und konnte mir unter keinen Umständen vorstellen, auch mit Glatze rumzulaufen. Die erste Amtshandlung: Katheter. Dadurch wird man nicht so oft gestochen, wenn immer wieder Blut abgenommen wird oder man eine Infusion braucht. Ich bekam Knochenmark herausgenommen. Später sagten die Ärzte, dass es allerhöchste Eisenbahn für mich war. »Die Chemo muss einfach anschlagen«, meinte mein Onkologe.

Zwei Tage später, an einem Donnerstag, ging die Chemo los. Die Situation ist komplett irre: Ein Gift läuft durch deine Venen, das dich gesund machen soll. Kurioserweise geht's einem mit Chemo aber viel schlechter als ohne. Jeder hat andere Nebenwirkungen, aber kotzen mussten wir alle. Am Anfang steckte ich die Chemo noch besser weg, aber später hatte ich extreme Wassereinlagerungen durch das Cortison. Im Sommer war es besonders schlimm, weil ich die ganze Zeit schwitzte. Ich musste achtmal das Nachthemd wechseln – innerhalb von zehn Stunden. Wegen der Chemo darfst du nicht in die Sonne, wegen des Katheters nicht richtig baden. Sauregurkenzeit. Nachdem ich wegen des

Cortisons zugenommen hatte, verlor ich auf einmal wieder 13 Kilogramm. In den Chemo-Pausen soll sich der Körper eigentlich erholen, meiner legte dann erst richtig los. In einer Nacht wäre ich fast gestorben. Ich spürte regelrecht, wie alle Kraft aus mir herausströmte. Es fühlte sich an, als würde ich das Leben verlieren, Minute für Minute ein bisschen mehr. In diesen Stunden machte ich mir Gedanken, was alles auf mich zukommen wird, wenn ich jetzt sterbe. Dann hörte ich Mama am Telefon. Sie sprach mit einer Freundin und weinte. Schließlich sagte sie, dass sie nicht mehr wisse, wie sie mich aufbauen soll. Und dass sie spürt, dass ich nicht mehr will. »Jetzt reiß dich zusammen, Alex! Mach es wenigstens für Mama«, schnauzte ich mich selbst an. Und dann kam ein nächster Tag, und ein übernächster Tag. Irgendwann kehrte die Kraft zurück.

Meinen 16. Geburtstag durfte ich zu Hause feiern, weil gerade Chemo-Pause war – was ein Glück! Ein paar Freunde aus der Schule kamen vorbei, um mir einen USB-Stick zu bringen. Und sie brachten Kindersekt mit. Ich steckte den Stick in meinen Laptop und öffnete ein Video. Darauf hatte sich meine komplette Klasse auf dem Schulhof versammelt. Sie sangen *Happy Birthday* für mich. Das war ein wunderschönes Gefühl: Ich war noch nicht ganz weg aus der alten Welt. Und ich hoffte jeden Tag, dass ich zurückkehren konnte. Darauf stießen wir an.

Insgesamt hatte ich zwei Jahre Chemotherapie. Das erste Jahr über Infusionen, das zweite Jahr mit Tabletten. Dabei durfte ich auch wieder in die Schule gehen. Ich ging ein Schuljahr zurück, in die neunte Klasse. Das war sehr schlimm für mich, denn ich vermisste meine alten Klassenkameraden und hätte mir gewünscht, dass ich wieder zurück zu ihnen hätte kommen können. Aber ein ganzes Schuljahr holt man nicht mal eben so auf. Die gesamte neunte Klasse hindurch musste ich mit dem Rollstuhl in die Schule, denn meine Knochen waren durch das Cortison zu sehr geschädigt. In der neuen Klasse gab es ein Mädchen, das mich immer geschoben hat, wenn wir in einem anderen Raum Unterricht hatten. Wenn sie aber krank war, hat mich keiner mitgenommen. Da spürte ich zum ersten Mal, wie hart Jugendliche sein können. Vor meiner Erkrankung war ich die coole Alex, die in der großen Pause mit der In-Clique rumstand. Jetzt hat keiner daran gedacht, dass ich Hilfe brauchen könnte. Man wird einfach vergessen. Die Kinder aus den unteren Klassen haben dumme Sprüche gerissen, wenn sie mich sahen, sie glotzten mich auch an. Du siehst das Mitleid in den Augen der Menschen und willst es nicht. Ein beschissenes Gefühl.

Wenn man zurück aus dem Krankenhaus ist und auch die Reha hinter sich hat, beginnt ein neues Leben. In der Schule fühlt sich erst einmal alles sehr oberflächlich an. Man hat eine komplett andere Denke als die anderen. Irgendwie logisch, denn die letzten Monate ging es bei einem ja um Leben und Tod. Und nicht darum, ob der Typ aus der Parallelklasse einem in der Pause süß zugelächelt hat. Das war eine große Umstellung für mich. Entweder du findest dich in dieser neuen Welt ein oder du wirst zum Außenseiter. Liebeskummer, Zoff mit den Eltern, eine schlechte Note in Mathe – ehrlich, solche Probleme hätte ich mir oft gewünscht. Ein ganz normaler Teenager sein. Neulich sagte ich zu einer Freundin: »Es ist so schön, ganz normale Sorgen zu haben. Oder auch Liebeskummer. Das fühlt sich einfach so gesund und richtig an.«

Mit einer Krankheit wie Leukämie erfährt man recht schnell, wer einem als Freund bleibt. Denn man wird anstrengend, weil man ja nicht mehr am Alltag teilnehmen kann. Manche Freunde haben sich einfach nicht mehr gemeldet. Andere kamen hinzu, sie waren immer für mich da. Heute denke ich, dass man es keinem verübeln kann, wenn er nicht damit klarkommt, dass man mit Glatze im Krankenhaus dahinsiecht. Damals dachte ich aber, dass viele oberflächlich sind. Ich war auch sauer, weil manche tausendmal nachgefragt haben, was los ist. Heute kann ich verstehen, dass die Krankheit einfach superkompliziert ist. Wenn ich eines über Freundschaft gelernt habe, dann, wie wundervoll es ist, jemanden zu haben, der einen ohne Worte versteht. Mein Nachbarsjunge Sebi hatte Leukämie, als er jünger war. Er wurde ein guter Freund. Sebi wusste, was ich durchmache, körperlich wie seelisch. Wenn ich es zu Hause nicht mehr aushielt, ging ich zu ihm rüber und schaute mit ihm und seinen Eltern *Tatort*. Sebi ist auch mit mir ins Sausalitos gefahren, nachmittags um 17 Uhr. Da war zwar noch nichts los. Aber ich wollte unbedingt wissen, wie der Laden aussieht, in den meine Freunde immer zum Feiern gehen. Da saß ich dann mit meinen kaputten Knochen und stellte mir vor, wie die große Party abgeht. »Das will ich alles noch erleben«, sagte ich zu Sebi.

Ja, ich habe viele sterben sehen, insgesamt zehn Kinder und Jugendliche. Maxi zum Beispiel, er ging mit 17. Er hatte eine recht komplizierte Leukämie, dann Hirnblutungen. Schließlich starb er an Hirntod. Maxi hatte eine negative Einstellung zu der ganzen Sache. Vielleicht entscheidet sich wirklich alles im Kopf. Unsere Mütter lebten zusammen in der Elternwohnung – so bekam Mama hautnah mit, wie Maxis Mutter überlegte, ob sie seine Maschinen abschalten lassen soll. Das klingt schrecklich, aber in diesem Moment schockt einen das nicht. Denn in dieser Welt gehört der Tod dazu. Luca war sieben, als er starb. *Don't gimme that* von *The BossHoss* war sein Lieblingslied. Wenn es im Radio läuft, denke ich an ihn. Seine Beerdigung war die erste, auf die ich gegangen bin. Ich fühlte mich stark genug. Als ich dort stand, dachte ich: Wer wäre zu meiner Beerdigung gekommen?

Mode war immer meine Leidenschaft. Ich habe mir vorgestellt, wie ich später mal einen kleinen Laden führe und dort die Klamotten verkaufe, die ich selbst entworfen habe. Egal, ob im Krankenhaus oder zu Hause, ich zeichnete ständig Kleider. Auch wenn es in manchen Phasen extrem unwahrscheinlich war, hielt ich an meinem Traum fest, Designerin zu werden. Einen Plan B wollte ich erst gar nicht schmieden. Wenn man einmal so nah am Abgrund des Lebens steht, sieht man nicht ein, weshalb man auf die Erfüllung des großen Traums verzichten sollte. Schließlich könnte ich bei der nächsten Blutkontrolle erfahren, dass ich einen Rückfall habe. Zwei Wochen später bin ich tot – so kann das laufen. Dann kann ich wenigstens sagen, dass ich meine Zeit mit den Dingen verbracht habe, die mich erfüllen. Ich habe mir geschworen, dass ich nie wieder etwas mache, was mir keinen Spaß macht. Dafür ist das Leben zu kostbar.

Heute gehe ich auf die Modefachschule Sigmaringen. Ich werde Modedesignerin! Das klingt jetzt nach einem Happy End. Ist es aber nicht. Denn meine Knochen sind ziemlich in Mitleidenschaft gezogen, das Knochengewebe in den Gelenken ist abgestorben. Das Cortison in Verbindung mit der Chemotherapie ist dafür verantwortlich. Jetzt muss ich eben mit Knochenschwund leben. Vor ein paar Monaten ist meine Schulter eingebrochen, ich musste operiert werden und bekam einen Plug eingesetzt, damit sie wieder aufgefüllt ist. Sonntags nehme ich oft eine Schmerztablette, weil mein Knie vom Tanzen und Feiern wehtut. Ich muss immer ein bisschen vorsichtiger als andere sein. Aber das sind alles Sachen, mit denen man leben kann. Doch manchmal, wenn ich wieder mit meinen Gelenken zu kämpfen habe, fühle ich mich vom Schicksal ungerecht behandelt. Dann sitze ich schreiend und tobend im Auto. Warum hat mein Körper kein anderes Hobby, als mir einen Strich durch die Rechnung zu machen?

Ich bin glücklich. Weil ich lebe. Und das tun kann, was mir am meisten Freude macht. Ich weiß, worum es im Leben geht. Klar gibt es auch andere Wege, das zu lernen. Ich bekam es eben auf die harte Tour mit. Was mir aber fehlt, ist eine richtige Jugend. Dieses Sechzehn-Sein! Endlich Sekt trinken dürfen, mit den anderen anstoßen, frei sein. Ich lag in der Zeit im Krankenhaus und hatte genug Zeit, alles fein säuberlich zu zerdenken. Dafür schätze ich die kleinen Dinge im Leben mehr. Ich weiß, dass Materielles auf Dauer nicht glücklich macht. Glück ist, wenn man etwas selbst erschafft, mit der eigenen Vorstellungs-kraft, mit den eigenen Händen. Wenn ich im Unterricht ein Top entwerfe und es später selbst nähe, das erfüllt mich. Und dieses Gefühl kann mir keiner nehmen, auch nicht der Tod – der früher oder später mit uns allen sein Hühnchen zu rupfen hat.

Alle sechs Monate muss ich noch zur Blutkontrolle. Ich hasse nichts mehr als Spritzen. Aber was muss, das muss. Ich gelte erst nach sieben Jahren als wirklich geheilt. In puncto Leukämie. Es kann allerdings sein, dass ich durch die Knochenprobleme in ein paar Jahren komplett im Rollstuhl sitze. Theoretisch kann das natürlich auch jedem anderen passieren. Einmal die Treppe runterfallen und du hast ein komplett anderes Leben. Es gibt für nichts eine Garantie. Nur für das Glück, das du in dir hast. Denn dafür bist nur du allein verantwortlich.

KAPITEL 5

»Jede Musik ist Therapie!«
Interview mit Pianist und Komponist Erich Kowalew

»Musik ist die Nahrung der Seele.«

Musik macht glücklich. Das spürt jeder, der das Radio anschaltet und plötzlich sein Lieblingslied hört. Und Lachen ist gesund. Gerade dann, wenn es kaum noch etwas zu lachen gibt. Paradoxerweise wird gerade in Krankenhäusern meist weder besonders viel gelacht noch musiziert. Ganz schön traurig, fand Jacqueline Althaller, die vor zehn Jahren den Verein ›Zeit des Lachens e.V.‹ gegründet hat. Ich interviewte sie, als ich für dieses Buch recherchierte. Sie selbst hat ihre Tochter in der 25. Schwangerschaftswoche zur Welt gebracht und wusste erst einmal nicht, was es bedeutet, Mutter eines Frühchens zu sein. Der Umgang der Ärzte mit ihrer ungewissen Situation war für Jacqueline Althaller eine schreckliche Erfahrung. Und in der langen Zeit, die sie mit ihrem Baby im Krankenhaus verbrachte, spürte sie, wie wenig fröhlich und aufbauend die Stimmung in der Klinik war. Eigentlich ja ein Ort, an dem man gesund werden sollte. Deshalb gründete sie ihren Verein. Und ermöglicht so kranken Kindern und Jugendlichen, ihre Sorgen und Schmerzen für einen Tag zu vergessen. Indem sie zum Beispiel Menschen wie Erich Kowalew einmal im Jahr zum »Tag des Lachens« auf die Stationen schickt.

Er ist weder Arzt noch Therapeut – und doch hilft der ausgebildete Pianist und Komponist Erich Kowalew Kindern und

Jugendlichen im Kampf gegen ihre Krankheit. Mit Musik. Wie kann das gehen? Das habe ich den 52-Jährigen gefragt. Und ihn vorher für einen Tag auf eine Station begleitet. Ich spiele kein Instrument und kann auch nicht besonders gut singen. Aber was ich dort beim Musizieren erlebt habe, ist etwas, das mit Können oder Talent nichts zu tun hat. Das geht tief, berührt das Herz – und macht glücklich. Wir saßen im Kreis – manche Kinder im Rollstuhl – und sangen aus voller Kehle die selbst komponierten Stücke von Erich Kowalew. Jeder Teilnehmer hatte ein Instrument in der Hand und übernahm einen Part des Songs. Während anfangs gerade die neuen Kinder etwas schüchtern waren, taute die ganze Gruppe Lied für Lied mehr auf. Am Ende der Stunde fiel es allen schwer, ihre Instrumente wegzulegen. Und die Melodien? Die blieben den ganzen Tag im Kopf. Solch gute Laune wird man zum Glück so schnell nicht wieder los.

Erich, du bist dreimal in der Woche auf Kinderstationen, musizierst mit jungen Patienten. Wie reagieren sie auf dich?
Musik ist ja ein Türöffner. Die allermeisten freuen sich über die Ablenkung. Wenn hinterher jemand zu mir sagt: »Ich habe in der letzten Stunde vergessen, dass ich im Krankenhaus bin«, ist das ein großes Kompliment für mich. Ich hatte als Kind selbst hochgradig Asthma und weiß, wie schlimm es ist, in so jungen Jahren krank zu sein und nichts unternehmen zu können. Ich wollte damals gern beim Fußball mitmachen, das ging aber nicht. Also lernte ich Klavierspielen. Dabei habe ich gemerkt: Gerade über die Musik kann man sich wunderbar ausleben und Gefühle ausdrücken. Später hat sich zum Glück auch herausgestellt, dass die Mädchen nicht nur auf Fußballer, sondern auch auf Klavierspieler stehen (lacht). Übrigens wird meine Arbeit, wenn ich dreimal in der Woche auf Station bin, von der Münchner Kinder und Seniorenstiftung *Mimi* bezahlt.

Wie verarbeitest du es, immer wieder mit schweren Schicksalen konfrontiert zu sein?

In der ersten Zeit, in der ich im Krankenhaus Musik mit Kindern und Jugendlichen gemacht habe, saß ich anschließend im Auto und wollte es nur still haben. Keine Musik, die Eindrücke mussten erst verarbeitet werden. Das Erlebte ging mir schon sehr nahe. Dann hat sich in meinem Kopf aber etwas gedreht. Ich gebe den jungen Menschen ja etwas Tolles, nämlich eine Stunde Ablenkung und Fröhlichkeit. Dieser Gedanke gibt mir Energie. Und ich spüre, wie viel von den Patienten zurückkommt. Insofern ist da heute für mich gar nicht mehr viel zu verarbeiten. Ich bin sehr glücklich, dass ich mit meinem Beruf Freude schenken kann. Und ehrlich gesagt, war ich im Leben noch nie ein Griesgram.

Du singst mit den Kindern deine selbst komponierten Songs. Was machst du mit Jugendlichen?

Wenn ein Patient selbst ein Instrument spielt, machen wir gemeinsam Musik. Wir jammen ein bisschen, spielen ihre oder seine Lieblingssongs. Mir geht es ja vor allem darum, positive Gefühle zu wecken. Und das geht am besten über Erinnerungen. Wir spielen dann Lieder, mit denen die Jugendlichen intensive Gefühle verbinden. Schöne Erlebnisse wie Urlaub oder Liebe. Musik ist die intensivste Form der Kunst, weil sie so tief ins Innere geht, die Seele berührt. Kranke können mit ihr Gefühle wie Trauer, Wut, Angst und Enttäuschung ausdrücken und verarbeiten. Und wenn man sich mit dem Text identifizieren kann, ist es umso genialer.

Was empfiehlst du Kindern und Jugendlichen, die nicht die Möglichkeit haben, mit jemandem wie dir im Krankenhaus zu musizieren?

Jede Art von Musik kann Therapie sein. Ob ich härtesten Heavy Metal höre, weil ich gerade aggressiv bin und die Schmerzen betäuben muss – und dann auch mal etwas gegen die Wand werfe. Oder ob ich Klassik einlege, weil ich vor lauter Sorgen nicht einschlafen kann. Man sollte sich die passende Musik zur jeweiligen Situation suchen und beobachten, ob sie einem guttut oder nicht. Einfach auf die Seele wirken lassen und schauen, wie sie reagiert. Das Beste ist ja, dass Musik immer etwas mit uns macht. Egal, ob wir selbst musizieren und singen – oder ob wir sie passiv konsumieren, also nur zuhören.

Erinnerst du dich an einen Fall, der dich besonders berührt hat?

Da gibt es mehrere. Einmal musizierte ich mit einem kranken Jungen, sein Vater war auch dabei. Er kam sehr förmlich im Anzug, ein schnieker Mann, fast schon arrogant. Als er sah, wie sein Sohn begeistert mitmachte und dabei seine Krankheit völlig vergaß, brach er in Tränen aus. Und er machte auch mit! In solchen Situationen merke ich, dass Musik Menschen öffnen kann. Dann erinnere ich mich an ein zehnjähriges Mädchen, das ich über vier Jahre musikalisch begleitet habe. Eines Tages erzählte mir ihre Mama, dass sie jetzt nach Hause dürften. Ich freute mich erst. Doch dann sagte sie, dass sie sich noch ein paar schöne Wochen mit der Kleinen machen wollten – die Ärzte könnten nichts mehr für sie tun. Ein paar Tage später rief die Mutter an und fragte, ob ich zu ihnen nach Hause kommen könne. Die Musik wäre das Schönste gewesen, was ihre Tochter in den Jahren im Krankenhaus erlebt habe. Sie wünschte sich, dass ich noch einmal bei ihr bin. Als ich in ihr Zimmer kam, lag die Kleine ganz apathisch in ihrem Bettchen, lauter Geräte um sie herum. Ein Palliativmediziner war bei ihr. Sie sah mich und bäumte sich auf. Auf einmal hatte sie so viel Energie, dass wir eine ganze Stunde trommeln und singen konnten. Es war unglaublich. Sie konnte noch einmal ihre Krankheit und die Schmerzen vergessen, als wäre sie in einer anderen Welt. Zwei Tage später ist sie verstorben. Aber was die Musik in ihr ausgelöst hat, werde ich nie vergessen. Vertraute Töne und bekannte Melodien können ein Lebenselixier sein.

Bist du manchmal auch beeindruckt, wie die jungen Patienten mit ihrem Schicksal umgehen?

Oh ja! Häufig sind die Eltern ja betroffener als die Kinder. Sie stehen im Hintergrund und heulen, während ihr Kind lacht. Junge Menschen hadern einfach weniger mit ihrer Krankheit und nehmen sie eher als etwas Selbstverständliches hin. Gerade bei langen Erkrankungen konnte ich das beobachten. Oder auch bei Rollstuhlfahrern: Sie schauen nicht den ganzen Tag auf Gesunde und ärgern sich, dass sie selbst nicht laufen können. Sie suchen sich dann eben andere Interessen und finden es toll, das neueste Modell eines Elektro-Rollstuhls zu bekommen. Meine Schwester ist vor längerer Zeit an MS erkrankt. Ich als Angehöriger habe damit viel mehr ein Problem als sie. Sie bleibt positiv, während ich als ihr Bruder viel betroffener bin. Ich kann mir also vorstellen, wie man sich als Elternteil eines kranken Kindes fühlen muss. Wenn ich im Kontrast dazu die jungen Patienten sehe und mit ihnen Musik mache, denke ich häufig: Wahnsinn, was ihr für eine Kraft habt!

KAPITEL 6

»Im Leben weißt du erst, was du hast, wenn du es verlierst.«

Alex, 18, Skiunfall mit 12 Jahren

Es war der letzte Tag der Weihnachtsferien. Ich war mit meiner Familie beim Skifahren im Zillertal. Den ganzen Tag verbrachten wir auf der Piste. Irgendwann waren alle müde und wollten in die Hütte. Nur mein Vater und ich, wir hatten noch nicht genug. Einmal noch die schwarze Piste runter! Es war ein trüber Tag, am Himmel hingen Wolken. Und die Piste? Ganz schön vereist. Aber wir wussten, was wir taten. Dachten wir zumindest. Es war der 4. Januar 2009. Der Tag, an dem ich eine Kante auf der Piste übersah. Ich fuhr mit voller Geschwindigkeit über sie, war drei oder vier Meter in der Luft. Da bekam ich es plötzlich mit der Angst zu tun. Die Kontrolle hatte ich längst verloren. Sofort ging ich reflexartig in eine Schutzhaltung: Füße anziehen, Arme über Kreuz. Dann schlug ich mit dem Kopf auf. Und war weg.

Was danach kam, habe ich nicht mitbekommen, ich war ja bewusstlos. Aber hinterher wurde es mir erzählt. Papa alarmierte sofort den Rettungshubschrauber. Noch auf der Piste wurde ich ins Koma versetzt. Dann Klinik, Notoperation am Kopf. Es gab eine Blutung im Hirn. Fünf Tage Koma. Ich wachte auf der Intensivstation auf. Das Erste, was ich bewusst mitbekam, war ein Arzt, der zu einem anderen sagte: »Der Junge wird nie wieder gehen.« Ich war mir in dem Moment nicht ganz klar, ob ich gerade halluziniere oder träume. Der Schock saß jedenfalls tief. Es hat lange gedauert, bis ich diesen Satz verarbeitet hatte. Ich lag in einer Klinik in Innsbruck, in der sie wahrscheinlich ständig junge Typen wie mich aufschneiden, die es in den Bergen zerlegt hat. Die Spezialisten dort glaubten tatsächlich, dass ich nie wieder laufen würde. Und ich glaubte das recht schnell auch. Ich war 12 und am Boden zerstört.

Bei mir im Kopf war ziemlich viel kaputt gegangen bei dem Aufprall. Ich konnte nicht sprechen. NICHT! SPRECHEN! Sich nicht mehr mitteilen zu können, ist so ziemlich das Schlimmste, die Höchststrafe. Die meisten schaffen es ja nicht mal, für eine halbe Stunde die Klappe zu halten. Und dann liegst du da und kannst nicht sagen, dass du Durst hast. Aber den Arm konnte ich bewegen. Also wurden mir Fragen gestellt. Und dann: Daumen hoch für Ja, Daumen runter für Nein. Mein Schädel war komplett rasiert von der Operation, ich hatte eine riesengroße Narbe am Kopf. Man hätte Angst vor mir kriegen können, ich sah total entstellt und fertig aus. Und das Schlimmste: Ich konnte mich zunächst einmal an rein gar nichts erinnern. Nur ganz allmählich wurde mir klar, was passiert sein musste. Aber oft lag ich auch einfach rum und hatte keinen blassen Schimmer, was ich hier mache. Von hundert auf null. In ein paar Sekunden. Nichts konnte mich auf diese Situation vorbereiten, monatelang im Krankenhaus zu liegen. Verdammt, ich war 12! Aber kein blödes Kind. Ich habe alles mitgekriegt. Was die Ärzte bei der Visite sagten, wie mich die Schwestern anschauten. Meine Eltern führten Tagebuch und zeigten mir immer wieder Fotos aus meinem Leben. Sie wollten, dass ich mich Stück für Stück an mich selbst erinnere.

Ganz am Anfang konnte ich weder Arme noch Füße bewegen. Nichts. Das Verrückte ist ja, dass es meinem Körper an nichts fehlte. Der Kopf konnte halt nichts mehr steuern. Obwohl ich mental fit war. In ganz schlimmen Nächten fühlte sich das an, als wäre man lebendig begraben. Wegen der Schmerzen konnte ich anfangs nicht mal Schlaf finden. Obwohl das ja die einzige Möglichkeit gewesen wäre, mal nicht zu grübeln, nicht über meine Zukunft als Pflegefall nachzudenken. Ich hätte mich so gern weggebeamt, aber da lag ich nun. Eingesperrt in mir selbst. Du bist ein junger sportlicher Kerl, liebst Skifahren, Fußball, Sport. Die Mädels mögen dich, in der Schule läuft alles bestens. Ja, ich war ein Sonnyboy. Und dann kannst du dich von jetzt auf gleich nicht mehr rühren, kannst nicht mal allein aufs Klo gehen oder dir etwas zu trinken holen, bist zum Rumliegen verdammt. Ende Gelände.

Irgendwann setzte man mich in einen Rollstuhl. Aber nicht mal meine Arme konnte ich so weit bewegen, dass ich ihn selbst hätte fahren können. Da wusste ich, in was für einer ausweglosen Situation ich mich befand. Ich war richtig schlimm frustriert, aus dem Leben rausgerissen. Und da war eine unbändige Wut in mir. ICH. WOLLTE. MICH. BEWEGEN. VERDAMMT! Richtig beschissen waren die Wochenenden. Erst Langeweile im Krankenhaus. Okay, das war zu erwarten. Als ich dann später von Freitag bis Sonntag nach Hause durfte, wurde es aber noch schlimmer. Ich hockte in meinem Rollstuhl und bekam volle Breitseite mit, wer was am Samstagabend unternimmt. Ich spürte, dass ich gerade das Leben versäumte. Ich hätte so gern auch etwas erlebt! Klar, Freunde besuchen war schon drin, aber dann hockten halt alle um mich herum. Die Passivität ist einfach nicht mein Ding. War sie noch nie – und ich konnte mich nicht an sie gewöhnen.

Warum passiert das mir? Was habe ich falsch gemacht? Ich hatte unendlich viel Zeit, mein ganzes Leben Revue passieren zu lassen. Ich stellte mir Fragen, fiel in ein tiefes Loch, aus dem ich allein nicht mehr herausfand. Da nutzte es kaum etwas, dass ich ständig Besuch bekam. Dass sich meine Eltern immer kümmerten. Ich war einfach am Ende meines Lebens angekommen, weil es so aussah, als ob ich nie wieder laufen würde. Ich will keinen Therapeuten, habe ich immer gesagt. Aber in welche Schublade steckst du diese Gefühle? Und die Gedanken ans Lebensende. Ich war 12 und dachte ans Sterben. Weil das Leben mir komplett sinnlos erschien, wenn ich nicht mit meinen Freunden über den Fußballplatz rasen konnte. Wenn ich im Winter nicht auf der Piste Gas geben konnte. Und wenn ich nie wieder mit einem Mädchen ins Kino gehe würde. Da reiften tatsächlich Selbstmordgedanken in mir.

In einer Nacht, morgens um vier, rollte ich in den Raum mit den Tabletten. Er war nicht abgeschlossen. Ich wusste, ich könnte mich hier und jetzt umbringen. Es ist wirklich so, wie es in Filmen gezeigt wird: Da siehst du dein Leben in zwei Minuten an dir vorbeiziehen. Ich fragte mich auf einmal, wie es meiner Familie und meinen Freunden gehen würde, wenn ich weg wäre – und mir wurde klar, wie egoistisch es von mir wäre, jetzt den finalen Schlussstrich zu ziehen. Ich habe nur für sie weitergemacht, für die Menschen in meinem Leben.

Mein Engel in all der Zeit? Meine Physiotherapeutin. Wir verstanden uns von Anfang an voll gut, hatten immer eine große Gaudi miteinander. Ich weiß nicht, wie es ohne sie heute mit mir ausschauen würde. Gundl hat mir immer gut zugeredet, mir Mut gemacht, mich auch mal aufgezogen. Wir sahen uns oft, denn Physio hatte ich ständig. In einer Therapiestunde sollte ich versuchen, allein aus dem Rollstuhl aufzustehen und mich am Bett abzustützen. Auf einmal konnte ich wenige Schritte gehen. Ganz langsam und total unbeholfen. Aber ein Bein vor das andere setzen. Magic! Das war der Moment, in dem ich dachte: Das kriegst du wieder hin! Ja, Mann, du wirst leben! Dann folgten erste Gehversuche auf dem Laufband, das Training ging so richtig los. Nach neun Monaten wurde ich entlassen.

In dem Dreivierteljahr Krankenhaus bin ich extrem gereift. Ich habe gelernt, die Dinge mit mir selbst auszumachen. Ich wollte ganz bewusst viel nachdenken. Irgendwann gewöhnt man sich wahrscheinlich daran, sich immer um sich selbst zu drehen. Mit den eigenen Gedanken allein zu sein, gerade nachts, wenn man nicht schlafen kann. An die Konfrontation mit sich selbst.

Es ist die Erinnerung an früher, die dich killt, in so einer Situation, in der ich war. In der Klinik gab es Rollstuhlfahrer, die seit ihrer Geburt nichts anderes kennen. Ich will nicht sagen, dass die es besser haben. Ich aber wusste für mich ganz sicher, dass ich nicht im Sitzen leben kann. Sie sagten immer wieder zu mir, dass sie sich an meiner Stelle umbringen würden. Denn wenn man erst einmal weiß, wie schön etwas ist, kann man nur schwer wieder darauf verzichten.

Nach der Entlassung fing die schwerste Zeit erst an, die schlimmsten Jahre lagen vor mir. Zum Glück wusste ich das damals nicht. Ich wiederholte die sechste Klasse. Das war kein großes Thema für mich. Aber ich hinkte ganz deutlich und musste Schienen tragen. Wenn ich gestolpert bin, gab es dumme Sprüche von den Klassenkameraden. Klar, vor meinem Unfall war ich der coole Hund der Unterstufe. Der Kapitän vom Fußballteam. Und jetzt das Opfer, bei dem gar nichts mehr ging. Trotzdem habe ich irgendwie versucht, beim Sportunterricht mitzumachen. Es wird ja nur besser, indem man übt. Zu Beginn hat das – wen wundert's – überhaupt keinen Spaß gemacht. Eineinhalb Jahre dauerte es, bis ich mich wieder einigermaßen auf Sport freuen konnte. Langsam spielte ich wieder Tennis, auch Skifahren wollte ich unbedingt wieder. Trotz des Unfalls. Der Trainer vom paralympischen Team wollte mich unter Vertrag nehmen. Glücklich war ich damals fast nie. Ich sehnte mich nach meinem alten Leben und fühlte mich häufig aufgehalten durch die Humpelei. Mein Körper konnte halt nicht, wie ich wollte.

Als ich 14 Jahre alt war, legte sich der Schalter von einem Tag auf den anderen bei mir um. Da gab es einen Moment, in dem ich dachte: Scheiße, Alter, triff eine Entscheidung für dein Leben. Das Glas muss ab jetzt immer halbvoll sein, nie wieder halbleer! Du machst ab sofort das Beste aus allem! Und so war es dann auch. Ich entschied mich dafür, anders über mich und mein Leben zu denken. Es funktionierte. Seitdem weiß ich, dass einfach alles im Kopf entschieden wird.

Heute sage ich: Der wichtigste Tag meines Lebens war der des Unfalls. Wenn er nicht so passiert wäre, hätte ich heute womöglich nichts, auf das ich stolz sein kann. Vorher war alles selbstverständlich für mich: beliebt und lässig zu sein, ein Sport-Ass, gut aussehend, der Coole von der Schule halt. Möglicherweise war ich auf dem besten Weg, ein arrogantes Arschloch zu werden. Ich konnte das Leben an sich – und meine Privilegien – null wertschätzen. Richtig zufrieden war ich nicht.

Das klingt bestimmt total absurd, aber seit dem Unfall bin ich der glücklichste Mensch der Welt. Ich habe so viel Wissen über mich und das Leben mitgenommen. Extrem viele Leute checken das nie. Auch nicht, wenn sie achtzig sind. Es ist total gut, mit 18 schon so weit zu sein, wie ich heute bin. Nichts kann mich mehr aus der Bahn werfen, denn ich bin schon durch die Hölle gegangen. Mit dem Wissen kann eigentlich nur alles gut werden, oder?

Ich möchte viel erleben – und Spuren hinterlassen. Viel reisen. Und total offen bleiben. Beim Feiern bin ich immer dabei, ich habe immer mal wieder eine Freundin. Ich stehe mit beiden Beinen im Leben. Und kann gehen. Wohin auch immer ich möchte. Ich bin heute in der 12. Klasse, mache bald mein Abitur. Mal sehen, vielleicht werde ich BWL studieren. Psychologie würde mich auch interessieren. Schließlich habe ich mich in meiner schwersten Zeit viel damit beschäftigt, was im Gehirn und in der Seele vor sich geht.

Heute bin ich ein ganz normaler 18-Jähriger, bei dem es in der Schule dann und wann nicht so richtig rundläuft, der manchmal Stress mit seinen Eltern oder der Freundin hat. Na ja, vielleicht nicht ganz normal. Wenn man genau hinschaut, sieht man, dass ich hinke. Auch mit der Schulter und dem Ellenbogen bleibt es schwierig. Aber ich kann alles mit einer Hand machen, die linke ist taub. Mein Körpergefühl ist manchmal nicht ganz auf der Höhe. Trotzdem war für mich immer klar, dass ich wieder

Skifahren werde. Nur zur Gaudi, keine Rennen. Meine Freunde vergessen übrigens immer total, dass ich diese Handicaps habe. Auf Partys drücken sie mir ein Bier in die linke Hand. Und checken dann erst, dass ich es nicht greifen kann. Wir haben das von Anfang an mit Humor genommen. Das Letzte, was ich möchte, ist Mitleid. Dann fängst du nämlich an, dich selbst zu bemitleiden, und das war's dann komplett. Ich habe mich nie als behindert gesehen. Warum sollte man da auch zwei Kategorien aufmachen? Dann sind wir wieder bei diesem üblen Schubladendenken.

Ich glaube an Bestimmung. Wenn mir der Skiunfall nicht passiert wäre, hätte mich eben ein Auto mitgenommen. Mich mental wieder aufzuraffen – das ist die Aufgabe, die mir das Schicksal gestellt hat. Heute weiß ich, dass Menschen mit ihren Aufgaben wachsen. Man muss sich nur stellen. Und in den entscheidenden Momenten die Aufgabe annehmen und ihr eben nicht den Rücken zuwenden. Für meine Physiotherapeutin Gundl bin ich eine Art Paradebeispiel für jemanden, der noch einmal ganz von vorn angefangen hat und stärker aus allem hervorgegangen ist. Mut, Angst und Verzweiflung konnten mich nicht brechen. Sogar der Chefarzt der Neurologie fragte mich, ob ich für andere Verletzte Motivationskurse geben mag. Wenn ich mir das so überlege, habe ich heute schon Spuren hinterlassen. Dabei bin ich noch nicht mal zwanzig Jahre alt.

Der Unfall hat mich auch milder gemacht. Ich schaue nicht mehr so sehr auf mich, vielmehr auf andere und wie es ihnen geht. Bei Streit frage ich mich als Erstes, ob ich nicht vielleicht einen Fehler gemacht habe. Ich bin tatsächlich dem Leben gegenüber ein bisschen demütiger. Und wenn es mal Probleme gibt? Dann rege ich mich genauso auf wie früher. Erst, wenn die erste Wut verflogen ist und ich ein bisschen ruhiger werde, erkenne ich, welches Privileg es ist, dass ich mich über Kleinigkeiten aufregen darf.

Anderen jungen Leuten mit Handicap oder schweren Verletzungen würde ich gern sagen: »Kämpf um dein Leben! Auch wenn es an manchen Tagen noch so aussichtslos erscheint.« Ein Freund hat mir mal eine Karte geschrieben, auf der steht: »Wenn du es probierst, kannst du gewinnen. Wenn du es nicht probierst, hast du schon verloren.« Darum geht's.

Du weißt im Leben erst, was du hast, wenn du es verlierst. Ich war 12 Jahre auf der Gewinnerstraße unterwegs – und stand plötzlich vor dem Nichts. Der Kampf zurück hat meinem Leben erst seinen Sinn gegeben.

KAPITEL 7

»Wahrscheinlich werde ich den Krebs nicht mehr los – ich liebe mein Leben trotzdem.«

Benjamin, 26, Darmkrebs

Ich hatte alles: ein Studium, das mir Spaß macht, eine tolle Freundin, eine Stadt, in der ich gern lebe, und liebende Eltern und Freunde. Das Leben hätte jetzt richtig losgehen können, ich war bereit. Aber dann kam der Darmkrebs. Und mit ihm viel Dunkelheit. Ich sage es gleich vorneweg: Nicht nur ich kämpfe jetzt seit fünf Jahren gegen den Krebs in mir – meine Mutter verstarb 2013. An derselben Krankheit, die auch in mir tobt. Shit happens, sometimes twice. Wir bekamen die Diagnose im selben Sommer. Sie hat den Kampf verloren, ich stecke noch mittendrin. Wie lange mir noch bleibt, ist nicht klar. Wie immer im Leben kann es sehr schnell gehen. Es könnte aber auch sein, dass meine Chemotherapie den Krebs noch sieben, acht Jahre in Schach hält. Aber die Krankheit wirklich loswerden, noch einmal ganz gesund werden, erscheint eher unwahrscheinlich. Doch den letzten Funken Hoffnung habe ich nicht aufgegeben. Denn irgendwas geht immer. Wenn der Krebs weiter wachsen würde, gäbe es sogar noch Standardtherapien, die ich noch nicht hatte – und bei Metastasen könnte man auch noch jede Menge Spezialverfahren anwenden. Ich hatte bisher Glück, dass der Krebs nicht gestreut hat. Andere Organe wie Leber oder Lunge sind also nicht betroffen. Seit Herbst 2011 befinde ich mich mehr oder weniger permanent in der Chemotherapie und zwar auf unbestimmte Zeit. Ich sage immer: Meine Behandlung ist zwar palliativ – also nicht mit Heilung als Ziel –, aber ich liege nicht im Sterben, wirke recht fit, bin aber weit weg von gesund. Ich bin irgendwo dazwischen: zu fit, um todkrank zu sein, und zu krank, um wieder gesund zu werden. Das heißt ganz und gar nicht, dass ich von morgens bis abends traurig oder gar verzweifelt bin. Ganz im Gegenteil. Ich blogge, starte gerade eine junge Krebs-Selbsthilfegruppe und pflege Kontakte zu ähnlichen Projekten für junge Leute mit Krebs. Ich mache bei der Stoma-Selbsthilfe in meinem Heimatort mit, bin Mitglied beim Darmkrebsvorsorge-Verein *Rote Hose e.V.*, Fördermitglied der *Stoma-Welt e.V.* und betreue eine deutschsprachige Krebs-Blogger-Gruppe auf Facebook.

Alles begann 2009. Ich hatte mein Abi in der Tasche und meinen Zivildienst in einer Einrichtung für Menschen mit geistiger Behinderung fertig absolviert – wo ich übrigens meine Freundin Sabrina kennenlernte, im Herbst 2008 kamen wir zusammen. Einen Studienplatz für mein Traumfach Physik in Darmstadt hatte ich auch ergattert. Schon in der Schule war mein Faible für Naturwissenschaften groß. Also auf nach Hessen – damals gab es dort keine Studiengebühren! Doch während des ersten Semesters spürte ich, dass ich mich nicht richtig wohlfühlte in Darmstadt. Die Uni war zu groß, die Stadt zu weit weg von meiner Familie in Baden-Württemberg. Zum Sommersemester 2010 wechselte ich deshalb an die Fachhochschule nach Aalen. Hier geht es wesentlich familiärer zu, das wurde mir gleich klar. Wenn man mal krank ist, ruft die Sekretärin des Professors an, um einem gute Besserung zu wünschen. So etwas nenne ich einen herzlichen Umgang. Obwohl ich mich in Aalen menschlich und auch fachlich angekommen fühlte, ging es mir häufig schlecht. Klar waren Umzug und Studienwechsel anstrengend gewesen. Aber deshalb Verdauungsbeschwerden, Durchfall, Bauchweh? Ich fühlte mich ständig schlapp. Und dachte, ich würde einfach nur unter normalen Stresssymptomen leiden. Freunde und Familie sprachen mich jetzt immer öfter an, weshalb ich so bleich im Gesicht sei. Wer mich nicht so häufig sah, war auch ziemlich verwundert, weil ich innerhalb von ein paar Monaten neun Kilogramm abgenommen hatte. Was war da los? Anfang Mai war ich dann so kraftlos, dass ich es nicht mehr in die Vorlesungen schaffte. Da wurde mir klar, dass ich mir Hilfe holen musste. Der Hausarzt verschrieb mir Standardmedikamente, die man bei Durchfall und Magen-Darm-Beschwerden eben nimmt. Die haben natürlich nicht geholfen. Beim dritten Termin wurde mir Blut abgenommen und es kam heraus, dass meine Entzündungswerte astronomisch hoch und das Hämoglobin extrem niedrig waren. Ich weiß noch, wie ich gerade in meinem Zimmer im Studentenwohnheim am Schreibtisch lernte und mich die Ärztin auf dem Handy anrief, ich solle sofort in die Praxis kommen. Da ist mir das Herz in die Hose gerutscht und ich wusste nicht, was ich sagen sollte. Wärst du doch mal besser früher zum Arzt gegangen, schoss es mir durch den Kopf. Zu spät.

Ich wurde zum Gastroenterologen überwiesen: Darmspiegelung. Am Tag davor machte ich mir zum ersten Mal Gedanken, ob ich tatsächlich etwas Ernstes habe. Mit dem Endoskop kam der Arzt nicht besonders weit, denn der Tumor in meinem Darm war schon so groß, dass er den Weg versperrte. Der Arzt beruhigte mich. Er sagte, dass das vermutlich nichts Bösartiges sei. Bei dem Termin waren Mama, Papa und meine Freundin Sabrina mit dabei. Ich glaube, die Mimik des Arztes sprach eine andere Sprache. Ich war noch vom Betäubungsmittel benebelt. Es wurde Gewebe entnommen und ins Labor geschickt.

Am 18. Mai 2010 stand die erste Computertomographie an. Der Radiologe wollte mir aber nichts sagen. Er meinte, die Auswertung mache der Gastroenterologe. Na toll. Manchmal will man einfach nur wissen, wie die Aktien stehen, und dann zieht sich die Antwort wieder in die Länge. Zum Glück suchte mein Gastroenterologe schnell das Gespräch mit meinem Papa und mir. Er sagte, dass es wohl doch so aussehe, als sei der Tumor bösartig. Er wolle sogleich einen Termin im Krankenhaus ausmachen. Mein Vater fragte: »Das ist aber nicht das, was man unter Darmkrebs versteht?« – »Doch, das ist Darmkrebs«, sagte der Arzt. Ich fragte gar nichts. Mir hatte es dermaßen den Boden unter den Füßen weggezogen, dass ich vom Rest des Gesprächs so gut wie nichts mitbekam. Vielleicht ist das auch eine Art der Verdrängung. Keine Frage stellen, es nicht zulassen wollen. Und dann dachte ich: Ach du Scheiße, wie sage ich es Sabrina?! Wir haben telefoniert, sie hat ihren Unterricht an der Berufsschule sofort abgebrochen und ist nach Hause gefahren. Am Abend haben wir *Avatar* auf DVD geschaut, um uns abzulenken. Ich war ziemlich in mich gekehrt, wollte weder viel reden noch die Krankheit googeln. Mein Bruder schrieb mir eine sehr liebe Mail, die ich nie gelöscht habe: »Ich weiß nicht, was ich sagen soll ... hab dich lieb ... lass uns kämpfen.«

Als ich die Diagnose verinnerlicht hatte, überlegte ich viel. Ich dachte, dass Krebs heute nicht unbedingt ein Todesurteil sein muss. Und klar, als am 26. Mai Bestrahlung und Chemotherapie begannen, hatte ich ständig Termine und gar keine Zeit mehr, mir viele Gedanken zu machen. Es ist verrückt, wie schnell dieses Krankenhausleben einen einnimmt – und fast apathisch macht. Ich hätte stationär bleiben können, wollte aber zu Hause sein. Also fuhr ich jeden Tag eine Stunde zu meiner Behandlung und wieder zurück. Viel lesen wollte ich nicht über meine Krankheit. Da hätte ich mich vermutlich nur verrückt gemacht und wäre nie zur Ruhe gekommen. Nein, ich wollte den Ärzten vertrauen. Von Anfang an hatte ich das Gefühl, dass sie wissen, was sie tun. »Das kriegen wir hin, das machen wir schon«, sagten sie. Wenn ich also nicht gerade im Krankenhaus war, hing ich zu Hause herum. Die Therapie brachte eine unangenehme Entzündung in der Leistengegend mit sich. An viel Bewegung war nicht zu denken.

Mein Vater hat in der Zeit immer alles ganz penibel für mich aufgeschrieben und auch Buch geführt, also wenn es um

Fahrtkostenabrechnung und solche Sachen ging. Man verliert nämlich schnell das Gefühl für Raum und Zeit, wenn man in so einer Art Paralleluniversum aus Bestrahlung, Chemo, Krankenhaus und Zuhause lebt. Ich bin ein positiver Mensch. Ehrlich, anfangs habe ich mir keine Gedanken um die Zukunft gemacht. Ein Schritt nach dem anderen, das war mein Mantra. Die Nebenwirkungen bei der Chemo hielten sich sogar in Grenzen, was eine echt positive Überraschung war. Ich musste mich nicht oft übergeben, war aber meist müde, antriebslos und hatte keinen Appetit. Also wurde ein Termin bei der Ernährungsberaterin für mich vereinbart, weil ich wirklich total abgemagert war. Wir sprachen über meine Ernährung und sie riet mir, Drinks mit vielen Kalorien zu trinken. Die muss man sich so dickflüssig wie Joghurt vorstellen. Die habe ich mit Eis gemischt. Mehr Kalorien passen wahrscheinlich nicht in ein Glas.

Bestrahlung und Chemo waren gut verlaufen. Meine erste Operation stand für den 5. August an. Das ist das Standardvorgehen bei Enddarmkrebs im fortgeschrittenen Stadium, weil es da um den Tumor herum so eng ist: Erst wird der Tumor bekämpft – und wenn er kleiner geworden ist, sieht man, was man in einer OP noch rausholen kann. Mein Tumor hatte – das muss man sich mal vorstellen – ein Drittel meines Unterkörpers eingenommen! Er war um ein Viertel geschrumpft. Jetzt könnte man ja denken, dass ich mich wie ein Schnitzel auf den Eingriff gefreut habe. Das Gegenteil war aber der Fall. Ich hatte Schiss. Davor war ich nämlich nie ernsthaft krank gewesen. Meine erste richtige Narkose stand mir bevor. Da geht einem schon die Pumpe. Vor allem, wenn man sich vorstellt, dass sie einem den Unterleib aufschneiden. Nicht schön. Vor dem Aufwachen aus der OP hatte ich am meisten Bammel. Man hört ja immer so Horrorgeschichten und ich hatte Angst vor den Schmerzen und der Zeit danach, weil auch die Ärzte ganz offen gesagt haben: »Sie fallen danach erst einmal in ein großes Loch.« Das waren definitiv die Worte vom Nuklearmediziner. Also von dem Typen, der sich um die Bestrahlung kümmert.

Doch die OP verlief erfolgreich, die Chirurgen konnten den Tumor entfernen. Es läuft immer so ab, dass mit dem gefährlichen Gewebe auch ein paar Zentimeter des gesunden Gewebes entnommen werden. Mein Tumor saß ja dummerweise im Enddarm, da ist es so weit unten im Becken naturgemäß recht eng, weshalb man diesen »Sicherheitsabstand« nicht immer einhalten kann. Man muss es sich so vorstellen, dass der Tumor in etwa da sitzt, wo auch die Schließmuskeln des Afters sind. Also relativ nah am Ausgang.

Ich bekam ein Stoma gelegt, das ist die Kurzform von Enterostoma, also ein künstlicher Darmausgang am Bauch. Vorher hat mir eine Stoma-Therapeutin – das ist eine speziell geschulte Krankenschwester – mit Edding zwei Punkte auf den Bauch gemalt, wo der Ausgang gut passen würde. Die Ärzte sind ziemlich flexibel, wenn es darum geht, den Darm zu verlegen. Na ja, seitdem hängt ein Beutel an meinem Bauch, in den mein Kot fällt. Ehrlich, ich komme gut damit klar. Vorher hatte ich natürlich meine Bedenken. Und ich wollte mich nicht recht informieren, was im Nachhinein ganz klar der falsche Weg war. Anfangs verwechselte ich das Stoma mit einer Magensonde – also einem Schlauch, der aus dem Bauch kommt. Total die Horrorvorstellung. Ich kann jedem nur raten, sich vorher zu informieren, dann hat man auch weniger Angst. Mit Freunden habe ich anfangs nicht darüber gesprochen, mit meiner Familie schon. Heute ist es das kleinste Problem für mich, über meine Krankheit und die Auswirkungen auf meinen Körper zu sprechen. Ich bin ein offener Typ und schäme mich für nichts. Warum auch?

Das Aufwachen nach der Narkose war trotzdem ein Schock. Auf der linken Seite der Stoma-Beutel, ein zentraler Venenkatheter am Hals, dann noch EKG-Drähte für die Herzfrequenz und eine Kappe über dem Finger, die den Sauerstoffgehalt im Blut maß, dazu ein Blasenkatheter, weil durch die PDA bauchabwärts alles betäubt war, plus eine Drainage für die Wundflüssigkeit auf der rechten Seite. Da liegst du völlig verstört, an so vielen Schläuchen angeschlossen. Aber – und das war alles, was jetzt zählte: Die Ärzte waren zunächst einmal happy. Sie sagten, dass sie alles rausschneiden konnten. Aber eben ohne den berüchtigten »Sicherheitsabstand«. Da hätte es damals schon bei mir klingeln müssen, aber ich hatte ja noch keine Ahnung. Natürlich fragte ich auch nicht so direkt, wie groß die Wahrscheinlichkeit ist, dass der Krebs zurückkommt. Ich war erst mal gut damit beschäftigt, mich mit meinem Stoma und all den Schläuchen abzufinden.

Ich lag auf einer recht neuen Station in einem Zweibettzimmer, hatte oft Besuch, fühlte mich wohl. Die Ärzte waren nett und Schwester Nina kam oft einfach auf ein Schwätzchen vorbei – ich war in guten Händen. Auch, weil mir immer genau erklärt wurde, wie der nächste Schritt aussah. Und ich hatte die berechtigte Hoffnung, wieder gesund zu werden. Ich erholte mich Stück für Stück von der OP, nach einem Monat ging dann die Chemo wieder los. Sie wurde bis Ende Februar 2011 angesetzt. Ich konnte wieder zu Hause wohnen, weil die Therapie mit Tabletten möglich war. Nur alle 14 Tage fuhr ich zur Blutbild-Kontrolle ins Krankenhaus.

Anfang März dann das alles entscheidende Gespräch: Der! Krebs! Ist! Weg! Die Unterhaltung war viel unspektakulärer als gedacht. Wahrscheinlich dachte der Arzt da schon, dass er mich irgendwann wiedersieht. Sabrina und ich sind abends erst einmal essen gegangen. Das musste schließlich gefeiert werden! Im Sommersemester 2011 konnte ich mein Studium wiederaufnehmen – ich hatte genau ein Jahr Uni verpasst. Ich war voller Elan, schaffte zwei Semester in einem, schrieb Prüfungen und startete voll durch. Das Leben hatte mich wieder. Und der Stoma? An den habe ich häufig gar nicht gedacht. Ich war beschwerdefrei – und glücklich. So hätte alles weitergehen können. Aber da hatte ich wohl die Rechnung ohne den Krebs gemacht.

Wahrscheinlich hatten die Chirurgen nicht alle Krebszellen erwischt. Eines Tages sah ich blutigen Schleim auf dem Toilettenpapier. Zu dem Zeitpunkt war ich schon so im Thema drin, dass mir gleich klar war, dass das nichts Gutes bedeuten konnte – und bekam es mit der Angst zu tun. Gewebe wurde entnommen. Dann sagte der Chefarzt der Onkologie zu mir: »Ich rede nicht lange drumherum, da ist etwas.« Eine OP wurde angesetzt, das war im September 2011. Ende Oktober 2011 dann die zweite OP. So ein Eingriff dauert normalerweise vier bis fünf Stunden. Wenn du im Aufwachraum liegst, auf die Uhr schaust und siehst, dass erst zwei Stunden vergangen sind, weißt du, dass die OP gescheitert ist. Dass sie dich wieder zugemacht haben, weil sie nichts ausrichten konnten. Das ist wirklich das allerletzte Gefühl. Da hast du ganz viel Hoffnung in dir und bist nach der OP nicht nur körperlich völlig am Ende, sondern auch mental. Dieses Alles-umsonst-Gefühl macht sich breit und du willst einfach nur noch heulen. Obwohl du weißt, dass das auch niemandem weiterhilft. Es stellte sich heraus, dass sich alle Ränder um den Tumor wieder zu Krebs entwickelt hatten. Also Chemotherapie. Ich wusste, dass es eine krasse Sache ist, wenn man einen Rückfall hat. Abends habe ich im Krankenhaus geweint und mich einsam gefühlt. Zum Glück war Sabrina oft bis nachts bei mir.

Ich habe ja schon erwähnt, dass meine Mutter und ich im Sommer 2010 ziemlich zeitgleich die Diagnose bekommen hatten. Mama hatte ähnliche Beschwerden wie ich und ließ sich untersuchen, da kam es heraus. Mein Tumor saß ja im Enddarm, ihrer im Dickdarm. Sie wurde operiert und die Chirurgen sahen, dass bei ihr die Metastasen schon in die Leber gewandert waren. Scheiße, das darf doch nicht wahr sein, dachte ich. Ich will jetzt sofort aus diesem Albtraum aufwachen. Emotional war das eine unglaubliche Belastung für mich. Ich habe mir Sorgen um sie gemacht – und sie sich Sorgen um mich. Damit wir uns sehen konnten, ließen wir uns im selben Krankenhaus behandeln. Und so fuhren wir morgens gemeinsam im Auto zu unserer Chemotherapie und später wieder zurück nach Hause. Während der Fahrt haben wir über Alltägliches gesprochen und nicht über die Krankheit. Manchmal herrschte aber auch eine bedrückende Stille. So lebten wir beide mit unserem Krebs. 2012 hat sich unser Zustand weder verbessert noch verschlechtert. Durch die Chemo wird ja das Metastasen-Wachstum aufgehalten.

Im Mai 2013 ging es Mama dann von einem Tag auf den anderen richtig schlecht. Sie hatte mittlerweile Metastasen und Wasser in der Lunge. Mama kam ins Krankenhaus, wollte aber unbedingt wieder nach Hause. In der Klinik sterben kam für sie nicht infrage. Das war an einem Freitag. Sonntag ist sie gestorben, es war Muttertag. Morgens um sechs bekam ich den Anruf, da war mir schon alles klar. Zum Glück habe ich am Abend davor noch lange mit ihr gesprochen, als ich bei meinen Eltern zu Hause war. Übernachtet habe ich dann in Sabrinas und meiner Wohnung. Wir haben nicht damit gerechnet, dass es so schnell gehen würde. Mein Vater hatte für den kompletten nächsten Monat die Pflege organisiert und sich überlegt, wer sich wann um Mama kümmert. Ein ambulanter Dienst, der sie mit Medikamenten versorgt, war auch informiert.

Ihr Tod kam, als ich viele Probleme mit mir selbst hatte. Vielleicht konnte ich das alles deshalb nicht so sehr an mich heranlassen. Gerade hatte ich meine dritte OP hinter mir und es war klar, dass ich den Krebs wahrscheinlich nicht mehr loswerde. In meiner Beziehung hat es gekriselt. Und obwohl ich wusste, dass Mama nie wieder richtig gesund wird, denkt man bis zum Schluss, dass doch noch etwas passiert, ein kleines Wunder vielleicht. Für meinen Vater war es gut, dass er Mama zu Hause hatte und beide in Ruhe Abschied nehmen konnten. Ich bereue, dass Mama und ich nie zueinander gesagt haben: »Komm, jetzt reden wir mal eine Stunde Tacheles über uns und die Krankheit.« Das hätten wir tun sollen. Harmonie war Mama halt immer total wichtig. Dass die Familie zusammenhält und sich keiner streitet. Wahrscheinlich wollte sie deshalb so heikle Themen mit mir nicht debattieren.

Ihre Beerdigung war total wichtig für uns alle. Mama war in der Gemeinde sehr aktiv, hatte viele Ehrenämter inne. Sie leitete Gottesdienste, Seniorenabende und Kommunionsgruppen. Jeder in der Gemeinde kannte und schätzte sie. Und so passten gar nicht alle Trauergäste in die Halle. Enge Freunde von ihr trugen ihren Sarg zum Grab, eine große Geste. Wir haben an dem Tag eine wunderbare Zusammengehörigkeit erlebt. Der Gemeindereferent hatte bei seiner Rede mit den Tränen zu kämpfen. Ich habe da noch einmal ganz deutlich gespürt, wie beliebt meine Mutter war, wie viele Menschen sie berührte. Das war sehr tröstlich für mich. Sie hatte im Leben viel erreicht.

Nach dem Tod von Mama habe ich meine Krankheit noch einmal anders verarbeiten können. Zu dem Zeitpunkt habe ich auch eine gute Freundin aus meinem Heimatort dazugewonnen, die im gleichen Alter war und auch Krebs hatte. Wir wussten eigentlich voneinander, aber keiner wollte auf den anderen zugehen. Eines Tages trafen wir uns in der Klinik und schrieben abends ganz lange über Facebook. Leider ist sie mittlerweile auch nicht mehr am Leben. Das war aber so die Zeit, in der ich gespürt habe, wie wichtig der Austausch mit anderen Betroffenen ist. Ich las Blogs von »Krebsis« und habe daraufhin beschlossen, auch einen anzufangen. Das war im Herbst 2013. Anfangs wollte ich vor allem meine Gedanken festhalten, weil man so viel vergisst von dem, was man durchmacht. Und ich wollte meine Verwandten und Bekannten auf dem Laufenden halten, damit ich nicht tausendmal die gleichen Fragen beantworten muss, wenn ich sie sehe. Erst später kam hinzu, dass ich anderen Mut machen wollte. Mir wurde klar, dass ich mit meinem Blog Infos vermitteln und anderen zur Seite stehen kann. Das Ganze als eine Art

»Bewältigungstherapie« für mich stand eigentlich nicht im Vordergrund, hat natürlich aber auch immer reingespielt. Es macht mir nichts aus, ganz offen über meine Krankheit zu schreiben. Warum auch? Wieso sollte man sich schämen, nur weil man Darmkrebs hat? Ja, ich weiß, keiner redet gern über seine »Ausscheidungsorgane«, über Probleme mit Impotenz und über einen Beutel am Bauch, in den der Kot fällt. Da klingt ein Hirntumor paradoxerweise verwegener.

Mittlerweile hat der Krebs einen festen Platz in meinem Leben – und das ist nicht mal nur negativ gemeint. Ich möchte das Beste aus meiner Situation machen, aufklären und anderen »Krebsis« in meinem Alter Mut machen. Zeigen, dass es immer Hoffnung gibt, und man auch mit unheilbarem Krebs noch gut leben kann.

Familie und Freunde sind mir sehr wichtig, ich mache Pläne für die Zukunft, will eine eigene Familie gründen. Sabrina habe ich einen Heiratsantrag gemacht. Zurzeit bin ich ja stabil, deshalb müssen wir nichts überstürzen. Es sollen auf jeden Fall alle mitfeiern, wir planen mit bis zu 130 Gästen. Zum Glück haben wir da finanzielle Unterstützung durch unsere Eltern. Das Motto unserer Hochzeit wird sein: »Kein Weg zu weit, um ihn gemeinsam zu gehen«, den Satz wollen wir auch in unsere Ringe eingravieren lassen.

Ich mache mir viele Gedanken und finde es wichtig, sich einzubringen. Darmkrebs ist halt jetzt mein Thema. Ich habe dazu noch ein paar Sachen zu sagen. Punkt eins: Ein Stoma ist definitiv kein Weltuntergang. Man kann einen normalen Alltag mit ihm leben. Ich hatte anfangs auch Berührungsängste, aber die erscheinen mir im Nachhinein völlig unbegründet. Punkt zwei: Bei Darmkrebs schockiert mich immer wieder, dass er zwar die häufigste Krebsart überhaupt ist, aber niemand zur Vorsorge gehen will. Es geht mir nicht mal so sehr um die gezielten Untersuchungen, sondern einfach auch darum, auf den eigenen Körper zu achten, Warnsignale zu erkennen und lieber einmal häufiger zum Arzt zu gehen. Punkt drei: Es gibt bei Krebs nicht nur Schwarz oder Weiß, also todkrank oder geheilt. Da gibt es ganz viel dazwischen. Und geheilt heißt ohnehin noch lange nicht gesund. Ich bin zwar relativ fit, aber nicht geheilt. Man kann nicht sagen, wie lange das so gut läuft. Aber in der Zwischenzeit werde ich garantiert nicht rumsitzen und Däumchen drehen. Ich nutze jeden Tag, den ich habe. Und jetzt wird ohnehin erst einmal geheiratet. Denn das Leben ist schön, die Liebe ist schön, Freundschaften sind schön. Das muss man sich immer wieder klarmachen. Und dann macht der Gedanke vielleicht auch gar nicht mehr so viel aus, dass ich wahrscheinlich nicht 95 Jahre alt werde.

Das Leben ist zu schön, um den Tod zu verdrängen

»Hallo Oma Gertrud. Ich denke an dich«, sage ich und streichle über ihre Urne. Seit über acht Jahren ist das mein Ritual, wenn ich in mein Elternhaus komme. Im Wohnzimmer, nicht weit vom Kamin entfernt, steht Oma Gertrud. Ich fahre nicht zu einem Friedhof, um nah bei ihr zu sein. Die Entscheidung trafen wir mit ihr zusammen. Sie wollte es uns nicht zumuten, ihr Grab zu pflegen – ständig mit schlechtem Gewissen im Nacken, dass die Blumen, die man vor zehn Tagen gepflanzt hat, schon wieder welk sein könnten. Sie wollte aber auch nicht in eine anonyme Wand eingesetzt werden. Also ab ins Wohnzimmer mit ihr. Hier ist Oma Gertrud regelmäßig vorm Fernseher eingeschlafen, hat mit uns gegessen. An Weihnachten haben wir gemeinsam Geschenke ausgepackt. Und an ihrem Geburtstag hat sie ein paar Damen eingeladen, Mama servierte ihre legendäre Hansen-Jensen-Torte. Manche unserer Gäste wundern sich, was da neben dem Kamin steht. Wir haben die Urne mit einem goldenen Stoff zugedeckt, darauf liegt immer eine Rose. »Das ist Oma Gertrud«, erkläre ich dann. Die einen finden es genial, die anderen befremdlich. Ich frage mich immer wieder: Warum sollten wir sie jetzt ausschließen? Sie ist doch ein wichtiger Teil von uns. Sie war uns zu Lebzeiten die tollste Oma, dann darf sie doch jetzt, wo sie tot ist, nicht einfach abgeschoben werden.

Ich kann verstehen, dass viele Menschen nicht täglich an ihre Hinterbliebenen erinnert werden möchten. Bei uns in der Familie geht man eben ein bisschen lockerer mit dem Tod um. Wir machen auch schon mal Witze über ihn. Mein Vater sagt: »Wenn ich mal die Radieschen von unten zähle, musst du dich um deine Zusatzversicherung kümmern.« Meine Mutter gibt mir ungefähr einmal im Jahr Anweisungen, wie sie nach einem Schlaganfall behandelt werden möchte. Ihr ist das ein solches Anliegen, dass sie es neulich notariell beglaubigen ließ. Ich habe jetzt eine offizielle Anleitung für den Fall des Falles. Ich bin in einer Familie aufgewachsen, in der das große Thema Tod nie ignoriert wurde. Dafür wird viel zu häufig gestorben. Wir setzen uns damit auseinander. Bevor ich in den Urlaub fahre, rufe ich Mama immer noch mal an: »Wenn was ist, nimmst du den Hund. Das Pferd bekommt Sonja. Die geliebten Zeitschriften spende ich meinem Journalistenbüro.«

Der Tod ist immer bei uns. Ab dem Moment, wenn wir auf die Welt kommen. Denn früher oder später müssen wir alle wieder abtreten von der großen Bühne. Den einen bleibt mehr Zeit, den anderen weniger. Mein Leben fing schon ziemlich nah am Tod an. Mir fehlten nämlich in Mamas Bauch die Herztöne. Immer wieder versuchten die Ärzte, sie zu finden. Und immer wieder dachten sie, ich wäre längst tot. Für meine Mutter eine große psychische Belastung. Also wurde meine Geburt vier Wochen vor dem eigentlichen Termin eingeleitet. Wie sich herausstellte, war ich ein lebendiges und störrisches Baby mit gutem Herzen.

Was ich damit sagen will: Wir kämpfen täglich um unser Leben. Nicht nur im Mutterleib oder wenn wir mit 39,9 Grad Fieber im Bett liegen. Der Tod ist immer bei uns. Das ignorieren viele, vielleicht aus Prinzip. Dabei sollten wir ihm keck ins Auge sehen. Denn nur mit dem Wissen, dass es eines Tages vorbei ist, lässt sich das Leben intensiv genießen. Weil jeder Tag einzigartig ist. Jede Mahlzeit kommt nur ein Mal. Und jeder Kuss, jede Berührung ist ein kleines Fest. Wahrscheinlich kann man all das viel besser beherzigen, wenn man mal mit dem Tod in Berührung kam. Wenn man erlebt hat, wie verdammt schwierig Abschiednehmen ist. Und wie schlimm es sich anfühlt, allein zurückgelassen zu werden. Aber es hilft ja alles nichts, wir müssen das Leben feiern. Die Sonnen- wie auch die Regentage. Wir sollten uns freuen, dass wir atmen. Jeden Tag als Geschenk begreifen. Uns selbst wie eine beste Freundin oder einen besten Freund behandeln. Und wir sollten endlich lernen, den Tod nicht auszuklammern, sondern ihn als Teil von uns begreifen. Und als Chance. Denn er macht alles endlich. Und nur was ein Ende hat, ist besonders. Wäre unsere Zeit auf der Erde nicht begrenzt, käme uns alles beliebig vor. Aber weil wir wissen, dass wir vielleicht nur einmal im Leben nach Neuseeland fliegen, genießen wir diese Reise viel mehr als einen Kurzurlaub auf Ibiza – theoretisch könnten wir hier nämlich jeden Sommer für ein Wochenende hin.

Also: Sprechen wir über den Tod! Lassen wir uns von ihm inspirieren. Er kann uns aufzeigen, was wir mit unserer Zeit anstellen wollen, wofür unser Herz schlägt. Ich finde, wir sollten dem Leben alles abringen. Vor allem ganz viel Glückseligkeit und Seelenfreude. Das geht aber nur, wenn wir seinen Wert begreifen. Das klingt natürlich sehr abstrakt. Zum Glück gibt es Gedanken und Übungen, die uns dabei helfen, den Wert des Lebens neu zu entdecken. Dazu habe ich mit meiner erklärten Lieblings-Psychologin Felicitas Heyne gesprochen. Ich habe das Glück, dass ich sie immer mal wieder für meine journalistischen Texte als Expertin zurate ziehen durfte. Ich kann gar nicht in Worte fassen, wie viele Erkenntnisse und Lebensweisheiten sie mir schon mit auf den Weg gegeben hat. Deshalb bat ich sie, bei meinem Buch mitzuwirken. Also, liebe Felicitas, wie läuft das mit dem Leben und dem Tod?

KAPITEL 8

»Lebe, wie du, wenn du stirbst, wünschen wirst, gelebt zu haben.«

Gespräch mit der Diplom-Psychologin Felicitas Heyne

Man könnte meinen, dass kranke Menschen mit ihrem Schicksal hadern. Das Gegenteil ist häufig der Fall. Wie erklären Sie das?

Wenn man eine schwere Krankheit durchmacht oder auf eine andere Weise dem Tod ins Auge sieht, wird einem bewusst, was wir alle im Normalfall gern vergessen: Dass das Leben ein Geschenk ist und nichts, worauf wir ein Anrecht haben. Keiner von uns kriegt einen Garantieschein auf ein langes, gesundes und glückliches Leben; trotzdem denken wir alle ständig, dass uns genau das zusteht und erwartet. Eine schwere Krankheit macht einem die simplen Dinge bewusst, die man sonst für selbstverständlich nimmt: morgens ohne Schmerzen aufzuwachen, sich bewegen zu können, wie man mag, nicht an Medikamente denken zu müssen, sein Essen genießen zu können (oder überhaupt essen zu können).

Wir tun alle so, als sei das normal; dabei ist es ein Glück, wenn es einem so und nicht anders geht. Ich denke, man ist nach einer lebensbedrohlichen Situation viel dankbarer genau dafür und das macht einen insgesamt viel zufriedener und glücklicher. Man lebt bewusster, man genießt den einzelnen Tag, weil man ihn eben jetzt plötzlich als Geschenk wahrnimmt. Die anderen Dinge, die einen nerven und frustrieren können, werden weniger wichtig; genauso wie Konsumwünsche. Man hat am eigenen Leib erfahren, dass sie angesichts einer schweren Krankheit unbedeutend werden, und deshalb wird man sich (hoffentlich) auch nie wieder so von ihnen vor sich hertreiben oder beherrschen lassen, wie das vielleicht vorher gewesen oder bei gesunden Leuten der Fall ist. Speziell Gesundheit ist ja etwas, das man gar nicht wahrnimmt, außer wenn sie plötzlich fehlt. Deswegen kriegt man es – ohne eine persönliche Extremerfahrung – meistens auch nicht hin, sie so wertzuschätzen, wie sie es eigentlich verdient hätte.

Was macht einem solch eine existenzielle Erfahrung noch deutlich?

Wie sehr man am Leben hängt. Ich habe das bei einer Klientin hautnah mitbekommen, auf tragische Weise. Es ist schon etliche Jahre her, als sie das erste Mal zu mir kam; damals war sie 39 Jahre alt und kam wegen Depressionen und Suizidgedanken. Sie war nicht (mehr) zufrieden mit ihrer Ehe. Das Übliche: Ihr Mann arbeitet zu viel, ihr Mann kümmert sich nicht mehr genug um sie, sieht sie nicht. Ihre hochpubertäre Tochter ging ihr auf die Nerven und war eine einzige Enttäuschung – sie wünschte sich ein liebes, braves, hilfsbereites Töchterlein und kriegte einen Kaktus mit jeder Menge Widerhaken. Außerdem war es am Monatsende immer etwas knapp mit dem Geld (weil sie sich für ein Haus ziemlich verschuldet hatten) und zusätzlich litt sie damals bereits seit einigen Jahren an einem Lymphödem im Bein. Das ist eine Stauung der Lymphe, die dazu führte, dass ihr linkes Bein etwas dicker war als das rechte. Nicht dramatisch; wenn sie Hosen anhatte, musste man schon genau gucken, um es zu sehen, aber es störte sie wahnsinnig, da ihr das Äußere total wichtig war. Außerdem musste das Bein immer wieder mit Lymphdrainagen, die ziemlich schmerzhaft waren, mit Bandagen und einmal im Jahr mit einer Kur behandelt werden. Weggehen würde das nie wieder, das war klar. Alles zusammengenommen in ihren Augen mehr als ausreichend, sich vor den

Zug zu werfen. Das war ihre Lieblingsfantasie. Es war ganz, ganz schwierig, mit ihr in eine Richtung zu arbeiten, die positiver war: was alles gut war an ihrem Leben, woran sie sich freuen könnte, was für Möglichkeiten sie denn (obwohl ihr Mann keine Zeit hatte und obwohl sie nicht Rockefeller war) hätte, das Leben zu genießen. Ich hab mir zwei Jahre lang wahnsinnig viel Mühe mit ihr gegeben – und dann wurde sie plötzlich schwer krank, bekam einen schnell wachsenden, inoperablen Tumor, der an der Halsschlagader saß und so nah am Herzen, dass außer ein bisschen Chemotherapie gar nichts zu machen war. Im Zuge der Chemo und weil der Tumor auch auf die Lymphbahnen drückte, ist sie so richtig zum Michelin-Männchen angeschwollen; das war das x-Fache von dem, was sie früher an ihrem Bein so geärgert hatte. Plötzlich konnte sie nichts mehr von all dem machen, was sie eigentlich gern gemacht hat: nähen oder malen (die Finger waren so angeschwollen, dass die Motorik nicht mehr funktionierte), mit dem Hund spazieren gehen, kochen, backen. Die unspektakulären kleinen Freuden halt. Stattdessen wurde sie immer unbeweglicher und kriegte kaum noch Luft, musste zweimal am Tag per Schlauch Wasser aus ihrer Lunge abpumpen, verlor alle Haare – fürchterlich.

Und plötzlich wollte sie sich ganz und gar nicht mehr vor einen Zug werfen. Auf einmal war jeder Tag kostbar; sie hat gekämpft wie eine Löwin, drei Jahre lang, um nur ja nicht zu sterben. Dieselbe Frau, die mir vorher zwei Jahre lang immer wieder den Angstschweiß auf die Stirn getrieben hatte, weil ich mich oft genug nach Terminen mit ihr gefragt habe, ob ich ihre Suizidalität richtig eingeschätzt habe und das therapeutische Bündnis fest genug ist, dass sie keinen Quatsch macht. Oder ob morgen mein Telefon klingelt und mir ihr Mann sagt, dass sie jetzt doch ernst gemacht hat.

Nach drei Jahren ist sie gestorben, mit nur 44 Jahren. Der Punkt daran ist: Ich habe mit allen möglichen Methoden versucht, ihre Lebenslust zu wecken und ihr bewusst zu machen, dass an ihrem Leben jede Menge Schönes und Lebenswertes zu finden ist, aber sie konnte das nicht sehen und nicht von mir annehmen. In ihrem Fall hat es den Krebs gebraucht, um sie wachzurütteln und ihr klarzumachen, wie schön und einzigartig das Leben ist, und dass man dankbar für jeden Tag sein muss, der einem geschenkt wird – auch wenn man sich über seinen Mann ärgert oder die Tochter rumbockt oder man keine Hosen in Größe 36 mehr tragen kann. Es hat diesen brutalen Hammer der Endlichkeit gebraucht, um ihr das zu zeigen, nicht theoretisch (wie in ihren ganzen Gedankenspielchen, die sich um Züge und Gleise drehten), sondern praktisch, unmittelbar, in ihrem Körper, wie es direkter nicht ging.

Was ich damit meine, ist: Wenn man diesen Hammer am eigenen Körper spürt, hat man plötzlich ein völlig anderes Begreifen von dieser Tatsache der Endlichkeit. Vorher ist das alles nur theoretisch, abstrakt. Mein Kopf weiß, dass ich irgendwann sterbe wie alle anderen Menschen. Aber meine Arme, Beine und mein Magen wissen es nicht und beharren darauf, dass ich unsterblich bin und ewig Zeit habe. Aber nach solch einer Erfahrung ist dieses Wissen auch in der letzten Körperzelle angekommen und dann geht man mit dem Leben und dem, was es einem bringt, nie wieder so um wie vorher. Hadern, quengeln, depressiv sein, mit Suizid wegen irgendeinem Quatsch kokettieren – das mache ich, wenn ich es noch nicht wirklich verinnerlicht habe. Danach nicht mehr.

Wie schafft man es, Prioritäten richtig zu setzen, damit man am Ende des Lebens nichts bereut?

Es gibt ja diese hübsche Übung namens *Mein achtzigster Geburtstag*, die man immer mal wieder machen kann. Stell dir vor, du sitzt an deinem achtzigsten Geburtstag auf deiner Terrasse und blickst auf ein wunderbares Leben zurück. Du bist ganz mit dir im Einklang und denkst: Ja, so würde ich es wieder machen. Ich habe alles erreicht, was ich wollte. Ich bin erfüllt, zufrieden und glücklich. Auf welche beruflichen Erfolge würdest du dabei gern zurückschauen? Und wie sähe das Privatleben aus, das dich in diesem Moment so zufrieden macht? Welche geheimen Träume und Wünsche hättest du dir erfüllt, an die du dich in dieser Situation erinnern würdest? Was, glaubst du, würde deine Mitmenschen noch lange nach deinem Tod positiv an dich erinnern?

Man kann auch das Buch *Das Café am Rande der Welt* von John Strelecky lesen. Darin wird man unter anderem auf folgende drei Fragen stoßen; auch die helfen, wenn man sich intensiv und ehrlich mit ihnen auseinandersetzt:

- Warum bist du hier?
- Hast du Angst vor dem Tod?
- Führst du ein erfülltes Leben?

Eine gute Grundregel, die man immer wieder hört, wenn man ältere Menschen nach ihrer Lebensbilanz fragt: Die meisten sagen, sie bereuen eher, Dinge NICHT getan zu haben, als Dinge getan zu haben. Bei seinen (wichtigeren) Lebensentscheidungen kann man sich also hin und wieder fragen, was einen von bestimmten Dingen vielleicht abhält – und ob man im Rückblick vom achtzigsten Geburtstag aus noch immer denken würde, dass man sich davon hätte bremsen lassen sollen. Angst vor Misserfolg beispielsweise. Oder Angst vor sozialer Ablehnung oder ein übertriebenes Sicherheitsbedürfnis.

Eine einfache, meiner Meinung nach ungeheuer wirkungsvolle Übung ist auch diese: sich auf der Armbanduhr oder dem Handy den Timer so einstellen, dass die Uhr dreimal am Tag ein akustisches Signal gibt (jeweils ein paar Stunden Abstand dazwischen lassen). Wenn man das hört, kurz innehalten in dem, womit man gerade beschäftigt ist, und sich fragen: Wenn es jetzt nur nach mir gehen würde und ich auf nichts und niemanden

Rücksicht nehmen müsste, würde ich dann mit dem weitermachen, was ich gerade tue? Oder würde ich etwas anderes machen? Einfach mal zwei, drei Wochen lang durchziehen, gar nichts konkret verändern, nur beobachten, wie oft man sich innerlich welche Antwort gibt.

Eine schwere Krankheit oder Todesnähe wirkt, glaube ich, wie eine Art Prozessbeschleuniger, ein schneller Brüter. Plötzlich stellt man sich all diese Fragen, ob man will oder nicht. In der Landwirtschaft gibt es den Begriff der Notreife, damit bezeichnet man eine Reife, die unter extremen Bedingungen eintritt, bevor die Frucht voll ausgebildet ist, etwa in Dürreperioden. Ich denke, so etwas Ähnliches passiert auch den Jugendlichen; sie haben keine Wahl. Sie machen in ganz kurzer Zeit einen Entwicklungssprung, den manche in achtzig Jahren nicht schaffen.

Wie bringt man mehr Leben ins Leben? Also wie kostet man die Zeit, die man hat, richtig aus?

Alexis Sorbas sagt im gleichnamigen Roman: »Lass dem Tod nichts als eine ausgebrannte Kerze.« Darum geht es. Die Angst vor dem Tod ist eigentlich die Angst vor dem ungelebten Leben. Wer am Ende zurückschaut und sagen kann, dass er alles oder doch fast alles von dem gemacht, ausprobiert und gelebt hat, was ihm wichtig war, der muss sich vor dem Tod nicht fürchten. Und genau deswegen ist die Konfrontation mit dem Tod auch so wichtig, weil sie einen dazu bringt, das eigene Leben in dieser Hinsicht maximal zu hinterfragen. Um John Greenleaf Whittier zu zitieren: »Unter allen traurigen Worten der Zunge oder Feder sind die traurigsten diese: ›Es hätte sein können!‹«

Mein Lieblingszitat – oder eigentlich auch eine Übung dazu – stammt von Nietzsche, aus *Also sprach Zarathustra*; er nennt es das »Experiment der ewigen Wiederkunft«. Ich fasse es kurz zusammen: Was wäre, wenn einem heute Nacht ein Dämon erscheinen würde und einem eröffnet, dass man genau das Leben, das man gerade führt, immer wieder und wieder in alle Ewigkeit führen müsste? Würde man begeistert in die Hände klatschen? Würde man in Verzweiflung geraten angesichts dieser Idee? Und vor allem, wenn es so wäre und der Dämon recht hätte, was würde man dann ab morgen im eigenen Leben ändern, damit man es gut in alle Ewigkeit leben könnte? Wenn man dieses Gedankenexperiment mal ehrlich und in seiner ganzen Breite durchspielt, hat man es eigentlich schon. Die wichtigen Fragen sind damit gestellt:

- Lebe ich mein Leben gut? So, wie ich es immer wieder leben könnte/wollte?
- In welcher Hinsicht ist es vielleicht nicht gut?
- Was bedauere ich an meinem Leben?
- Was würde ich anders machen wollen, wenn ich immer und immer wieder dasselbe Leben leben müsste?

Dann gibt es noch das schöne Zitat von Christian Fürchtegott Gellert: »Lebe, wie du, wenn du stirbst, wünschen wirst, gelebt zu haben.« Wenn man das gedanklich durchspielt, wird sehr schnell klar, dass wohl kein Mensch zurückschaut und sagt: »Ach, hätte ich doch noch einen Ferrari kaufen können«, oder: »Es wäre so wichtig gewesen, dieses neue iPhone noch zu kaufen.« Wenn man also die Wahl hat zwischen einem schönen Erlebnis und einem materiellen Besitztum, wird man im Nachhinein immer mehr von den Erlebnissen profitiert haben als von den Konsumgütern. An die wird man sich nicht erinnern – an die schönen Momente im Leben aber schon. Und natürlich an Menschen, die einem wichtig waren.

Viele haben Angst vor der Endlichkeit – wie kann man sie überwinden?

Das Wichtigste, was zwischen uns und der Endlichkeit steht, ist Lebenssinn: Das Gefühl, etwas getan zu haben während seines Lebens, das wichtig war, das etwas verändert hat, das einen im Idealfall überdauert. Etwas, das ohne einen nicht stattgefunden hätte. Viele Menschen machen das, indem sie Kinder kriegen – das ist natürlich eine Möglichkeit und viele Menschen empfinden das als ausreichend, weil sie wissen, es wird sie jemand überleben. Für Jugendliche, die lebensbedrohlich krank werden, ist es natürlich keine Option. Und oft stellt sich heraus, dass ein Kind nicht reicht gegen das Gefühl. Außerdem gibt es Menschen, die keine Kinder kriegen können oder wollen. Deswegen bin ich kein Fan davon, den eigenen Lebenssinn an die Kinder zu delegieren, die man kriegt – damit bürdet man ihnen zu viel auf.

Ich bin eher ein Freund davon, jenseits der Reproduktion nach einem Lebenssinn zu suchen. Wobei ich damit natürlich nicht sagen will, dass Kinder ein schlechter Lebenssinn wären; ich mag es nur nicht, wenn sie der einzige sind, weil ich das für zu kurz gesprungen halte. Ich mag das Bild des Welleneffektes, das ich in einem Buch von Irvin D. Yalom gefunden habe: Man kann sich selbst und das eigene Leben so vorstellen wie einen Stein, der ins Wasser geworfen wird und Wellen erzeugt. Wenn das positive Wellen sind, dann schafft man etwas in seinem Leben, das weitergereicht wird und das Leben von anderen Menschen bereichert, im Idealfall über den eigenen Tod hinaus. Das geht durch jede Form von Engagement und es geht auch in jedem Alter. Und in jeder Situation. Ich fand zwei Beispiele dazu total berührend: einmal die Geschichte von Brittany Maynard. Das war die 29-jährige Amerikanerin, die nach der Diagnose Hirntumor die ihr verbleibende Lebenszeit bis zu ihrem angekündigten Suizid genutzt hat, um sich politisch und gesellschaftlich für das Recht auf Sterbehilfe einzusetzen. Zweitens die Geschichte

SCHREIB-
PROZESS

Was ich für
dieses Buch
gebraucht
habe: schöne
Orte, gute
Nerven, meinen
Laptop, viel Tee und
eine Bucket List.

DER TOD KANN UNS ALLE MAL!

Nicht jeder Mensch hat das Glück, gesund und unbefangen ins Leben zu starten. Manchmal kommt eine schwere Krankheit dazwischen. Dass dies aber kein Grund sein muss, den Mut zu verlieren, zeigen die hier porträtierten schwer kranken Jugendlichen. Voller Lebenswillen stellt sich jeder von ihnen seinem Schicksal auf ganz eigene Art und Weise.

CELINE

»Herzschmerz? Da kann ich nur müc lächeln.«

JULIAN

»Ich bin
dem Krebs
auch dank-
bar – für meine
zweite Chance.«

ALEXANDRA

»Es kommt ein nächster
Tag, und ein über-
nächster Tag. Und
irgendwann kehrt
die Kraft zurück.«

BENJAMIN

»Wahrscheinlich
werde ich den
Krebs nicht mehr
los – ich liebe me
Leben trotzdem.«

MELANIE

»Mit meinen 25
Jahren bin ich
schon sehr alt.«

LAURA

»Welcher Teenager
will schon mit jeman-
dem zusammen
sein, der vielleicht
bald stirbt?«

MAXI SOPHIE

»Ich habe eine sehr große
Sehnsucht nach Leben.«

MAXIMILIA

»Warum muss ich
mich von der
Chemo quälen
lassen, während
die anderen auf
Kindergeburtstac
Schokoküsse esse

DANIEL
»Loslassen?
Kann ich!«

KATHI

»Sterben?
Das kannst
du jetzt
echt nicht
bringen!«

ANNA

»Für mich
ist es das
Allergrößte,
die Sonne
auf der Nase
und den Wind
in den Haaren zu
spüren.«

Alexandra und Kira sind immer happy, wenn sie sich treffen.

KIRA BRÜCK

»Für mich ist jeder junge Mensch, mit dem ich für dieses Buch gesprochen habe, ein Held.«

Melanie mit der Autorin in Hamburg

Celine im Gespräch mit Kira

von Teddy Houlston. Das war das Zwillingsbaby, bei dem die Eltern während der Schwangerschaft erfahren haben, dass es an Anenzephalie leidet. Alle Ärzte haben zur Abtreibung geraten. Stattdessen haben sie das Kind bekommen und als es nach zwei Stunden starb, seine Organe zur Transplantation freigegeben, um andere Kinder zu retten. Das sind natürlich Extrembeispiele, vor denen man nur bewundernd stehen kann. Aber sie zeigen deutlich, worauf es ankommt, und dass es überhaupt keine Situation im menschlichen Leben gibt, der der Mensch keinen Sinn verleihen kann – egal, wie schrecklich sie ist. Und wenn man das schafft, dann hat man gewonnen, dann hat man die Angst vor der Endlichkeit besiegt. Wenn das sogar Menschen wie Brittany oder den Eltern von Teddy gelingt, muss es dann nicht uns Normalsterblichen, die wir nicht in so ausweglosen Lagen sind, viel einfacher gelingen können?

Was kann man betroffenen Jugendlichen und auch ihren Eltern mit auf den Weg geben?
Aufgeben ist das Letzte, was man sich erlauben darf. Wer sich aufgibt, stirbt. Der Umkehrschluss funktioniert natürlich leider nicht immer, das wissen wir auch alle, aber in diese Richtung stimmt es auf jeden Fall. Also in keiner Situation die Hoffnung verlieren. Sich klarmachen, dass es Wunder gibt, die passieren ja auch jeden Tag, und dass es keinen Grund gibt, wieso das nächste Wunder nicht meins sein sollte. Sich also informieren über Krankheit und Therapiemöglichkeiten, aber sich nicht in Katastrophenszenarien verlieren und sich fernhalten von Menschen, die einen ständig damit überschütten wollen. Im Gegenteil bewusst nach Hoffnungsgeschichten suchen und diese konsumieren, konsumieren, konsumieren. Sich vernetzen mit anderen, die es geschafft haben, dieselbe oder eine sehr ähnliche Krankheit zu besiegen oder wenigstens in Schach zu halten. Dazu gehört auch: Träume haben, Pläne für die Zukunft schmieden.

Im Rahmen des irgendwie Möglichen diese Träume verwirklichen und wenn es nur in winzigen Schritten ist oder in Ansätzen. Schöne Momente suchen und genießen, wo immer es geht. Und außerdem: sich nicht aufreiben an der Frage nach dem »Warum ich?«. Die führt zu nichts und bindet nur Energie. Es gibt darauf keine Antwort – man könnte ja genauso gut und mit derselben Berechtigung fragen: »Und warum nicht ich?«

Den Kontakt und den Austausch mit anderen suchen: Selbsthilfegruppen aufsuchen, ruhig auch mit professioneller Begleitung; wenn es in der Nähe nichts gibt, dann online. Alles, was der Isolation entgegenwirkt und für Unterstützung in psychischer und auch praktischer Form sorgt. Allein das Reden mit anderen Betroffenen erhöht die Lebensqualität und die Überlebensdauer drastisch, das hat man in vielen Studien zum Thema belegen können.

Und vielleicht noch das Brunnengleichnis, zum Teil wird es Tolstoi zugeschrieben. Ich hab es neulich in einer buddhistischen Geschichtensammlung gefunden, wahrscheinlich ist es also älter als Tolstoi: Ein Mann wird von einem Tiger durch die Wüste gejagt. In höchster Not, als der Tiger ihn schon fast erreicht hat, sieht er einen Brunnenschacht und springt hinein. Im Fallen greift er nach einem Strauch, der auf halber Höhe aus der Schachtwand des Brunnens herauswächst, und hält sich daran fest. Er ist weit genug gefallen, um außer Reichweite des Tigers zu sein, der wutschnaubend oben am Rand stehen bleibt. Aber nach der ersten Erleichterung schaut der Mann nach unten und sieht, dass sich auf dem Grund des Brunnens ein riesiger Drache ringelt, bereit, ihn zu verschlingen, sobald er abstürzt. Der Strauch ist zwar hoch genug, dass der Drache ihn im Moment nicht erreichen kann, aber früher oder später werden ihn die Kräfte verlassen und er wird hinunterfallen. Nach oben zurück kann er auch nicht, dort lauert ja der Tiger. Und schlimmer noch: Er erkennt bei genauerem Hinsehen, dass an der Wurzel des Strauches zwei Mäuse nagen, eine weiße und eine schwarze (das sind Sinnbilder für Tag und Nacht). Früher oder später werden die beiden die Wurzel durchgenagt haben und dann wird er – selbst wenn er sich bis dahin festhalten kann – mitsamt dem rettenden Strauch in die Tiefe fallen. Der Mann will schon verzweifeln, da sieht er, dass an den Zweigen des Strauchs wunderschöne, saftig-pralle Früchte hängen. Er streckt die Hand aus, pflückt sich eine davon und beißt hinein. »Hm, schmeckt das gut!«, sagt er und lächelt. Darum geht's. Pflücken, was in Reichweite ist, reinbeißen und genießen.

KAPITEL 9

»Mit meinen 25 Jahren bin ich schon sehr alt.«

Melanie, 25, Spinale Muskelatrophie Typ 1

Melanie und ich sind zum Chatten verabredet. So richtig weiß ich nicht, warum. In einer E-Mail hatte sie nur geschrieben, dass telefonieren für sie nicht ganz einfach sei. Wozu gibt es Skype? Dienstagnachmittag, 13.07 Uhr.

Ich weiß ja nicht viel von dir. Erzähl mir doch mal, warum wir heute chatten und nicht telefonieren.

Also, erstens, ganz untypisch: Ich hasse telefonieren. Dabei fühle ich mich absolut unwohl. Zweitens versteht man mich nicht so gut. Durch die Übertragung wird es dann noch anstrengender. Man benötigt fürs Reden ja Muskeln und da die von meiner Krankheit betroffen sind, fällt es mir nicht immer leicht, deutlich zu reden. So von Angesicht zu Angesicht ist das einfacher, aber ein Telefon überträgt ja bei Weitem nicht so viel, wie der Mensch tatsächlich hören kann.

Okay, jetzt verstehe ich. Greift deine Krankheit also alle Muskeln des Körpers an?

Nicht direkt die Muskeln, in meinem Fall die Nervenbahnen, die zu den Muskeln hinführen. Denen fehlt ein bestimmtes Protein, ohne das sie nach und nach absterben, wodurch dann die Übermittlung vom Gehirn zu den Muskeln immer mehr gestört wird.

Also, das Gehirn sagt: »Mach das und das«, aber die Information kommt nur sehr schwach an.

Klingt kompliziert. Seit wann hast du die Krankheit?
Von Geburt an. Das ist eine Erbkrankheit. Eine Spinale Muskelatrophie Typ 1.

Kannst du mir von deinem Leben erzählen? Also, was du gern machst, mit was du deine Zeit verbringst. Inwiefern schränkt dich die Krankheit ein?
Ob mich meine Krankheit einschränkt, ist eine Sache der Auslegung. Von außen betrachtet definitiv, ich kann mich kaum bewegen, diktiere zum Beispiel gerade die Antworten an dich mittels einer tollen Software. Was aber auch nur dadurch funktioniert, dass ich sehr viel Zeit investiert habe, damit die mich versteht. Ich bin in allen Lebenslagen auf Hilfe angewiesen, selbst wenn es nur darum geht, mich mal eben an der Nase zu kratzen. Doch eingeschränkt fühle ich mich dadurch nicht. Für mich ist der Alltag nicht anders als deiner oder der von anderen. Zur Einschränkung wird er nur durch andere. Ich bin ein unheimlich kommunikativer, kreativer Mensch, der viel und gern Kontakt zu anderen hat, was aber – bedingt durch die Erkrankung – nicht gerade einfach ist, eben weil daraus auch eine Immunschwäche resultiert. Daher ist mein Leben sehr auf Onlineaktivitäten ausgerichtet. Ich bin eine begeisterte Forum-Rollenspielerin. Das heißt, ich denke mir irgendwelche Charaktere aus und schreibe mit anderen innerhalb dieser Rolle abwechselnd im Romanstil Geschichten. Im Winter bin ich dort am aktivsten.

Das klingt spannend! Du hast mir auch geschrieben, dass du studierst.
Ich wohne in einem kleinen Bungalow, habe eine kleine Katze und schon sehr lange einen Freund. Und ja, ich studiere Jura. Bei

einer Fernuniversität, die mittlerweile sogar das erste Staatsexamen anbietet. Ich wollte noch nie etwas anderes studieren. Dass ich diese Pläne hatte, hat viele verwundert – weil ich mit meinen 25 Jahren schon sehr alt bin. Menschen mit meiner Krankheit sterben sehr früh.

Was fasziniert dich an Jura?

Die Tatsache, dass es total logisch, fast mathematisch aufgebaut ist. Viele sagen ja immer, die Juristen spinnen sich was zurecht. Aber das würde nie funktionieren. Du hast einen Fall, erkennst einige Grundvoraussetzungen, siehst die ersten Normen (Gesetze), die zutreffen würden, und prüfst anhand fester Schemata, ob dem nun wirklich so ist. Da gibt es kaum Freiheit für Spekulationen. Denn von einer Norm kommst du zur nächsten.

Klingt echt nach Mathe!

Mal davon abgesehen, haben mich schon von klein an Krankenkassen genervt. Es ist total kompliziert, das zu bekommen, was man eigentlich dringend braucht. Und so habe ich mir gesagt, dass ich hier gern helfen würde. Und wie geht das besser als mit Jura?

Konntest du eigentlich auf ein herkömmliches Gymnasium gehen?

Man kann nur auf herkömmlichen Schulen Abitur machen, dafür gibt es keine Förderschulen. Auf denen darfst du höchstens deinen Hauptschulabschluss machen. Und das auch nur mit viel Papierkram. Noch schlimmer wird es, wenn du wie ich von einer Förderschule auf eine normale wechseln möchtest.

Wurdest du von Mitschülern und Lehrern immer gut behandelt?

Ja, zwar war es hier und da schwierig, was das Organisatorische betraf, aber ich war Schüler wie jeder andere. Zum Beispiel konnte ich auf die Abiturreise nicht mit, weil überhaupt keiner daran gedacht hatte, dass der Ort vielleicht einigermaßen barrierefrei sein sollte. Aber über solche Dinge kann man hinwegsehen.

Du hast eben geschrieben, dass du mit deinen 25 Jahren schon sehr alt bist. Wie alt werden Menschen mit deiner Krankheit in der Regel?

Die durchschnittliche Lebenserwartung beträgt zwei Jahre. Nachdem ich die ersten zwei überschritten hatte, gab man mir 12. Danach wollten die Ärzte keine Voraussagen mehr treffen.

Du sagst also jeden verdammten Tag: »Tod, du kannst mich mal!«

So ungefähr, wobei ich dann eher sage: »Ich scheiß auf die Statistiken!« 😊

Traue keiner Statistik, die du nicht selbst gefälscht hast. 😊

Genau! 😁

Du bist auch ab und an im Hospiz, richtig?

Japp, seit 11 Jahren besuche ich die Sternenbrücke in Hamburg. 😊

Bist du dort, um andere Kranke zu besuchen und ihnen Mut zu machen?

Wer sagt denn, dass die Leute dort krank sind? 😊 Ich besuche dort Freunde. Und früher bin ich hingegangen, um meine Mutter und meinen Vater zu entlasten. Damit sie auch mal in den Urlaub fahren konnten. Was mit mir zusammen fast unmöglich zu organisieren war.

Ferien im Kinderhospiz, das klingt verrückt.
Das ist kein Ort, an dem Kinder nur in ihrer letzten Lebensphase sind. Viele machen einfach Entlastungsaufenthalte. Das Sterben an sich ist natürlich auch Thema, aber nicht hauptsächlich.

Was machst du mit deinen Freunden im Hospiz, wenn du sie besuchst?
Was machst DU mit deinen Freunden, wenn ihr euch trefft? Mittlerweile ist es so, dass ich die meiste Zeit mit den Eltern verbringe. Wir tauschen uns aus, setzen uns abends gemütlich hin und feiern oder grillen. Oft machen wir auch die Stadt unsicher. Das, was man halt so mit Freunden macht. ☺

Okay, gut. Um deine Frage zu beantworten: Ich mache mit meinen Freunden genau dasselbe wie du. Zusammensitzen, reden, lachen. Aber wenn man noch nie in einem Hospiz war, möchte man erfahren, wie es da so abläuft.
Klar, ich kann dir ja mal so einen Tag im Hospiz beschreiben.

Ja, bitte!
Man schiebe jetzt bitte mal die üblichen Gedanken an ein Hospiz beiseite. Natürlich ist das Thema Tod und die letzte Lebensphase dort auch von Bedeutung, aber es passiert noch viel mehr, was ebenso bedeutsam ist. Du kommst an, das Hospiz liegt in Hamburg im wunderschönen grünen Stadtteil Rissen, mitten im Wald. In der Nähe ist ein Wildtiergehege und auch sonst findet sich viel Platz zum Entspannen. Das Haus ist eine riesengroße Villa, mit einem total schönen und liebevoll gestalteten Gelände, auf dem sich obendrein noch eine Steinmetzwerkstatt, ein Spielplatz und vieles andere befindet. Total kindgerecht – und gleichzeitig bietet es genug Fläche, sich mit den Erwachsenen auszubreiten. Im Inneren sind die Räumlichkeiten bunt und

total schön gestaltet. Farblich dominieren Blau und Gelb, an der Decke hängen Sterne und überall finden sich Verzierungen, die jedem Kind gefallen: Bilder, kleinere Wandbemalungen. Irgendwann kommt der Jugendbereich, der farblich angepasst ist, allerdings erwachsener aussieht – und mit eigenem Innenhof für die Raucher. Die Zimmer sind geräumig, mit Fernseher und allem ausgestattet, wie in einem Hotel. Im ersten Stock befinden sich die Elternzimmer.

Doch das ist gar nicht das Erste, was auffällt. Sondern vielmehr, wie viel Leben dort herrscht. Du kannst gewiss sein, dass dich beim Laufen über den Flur mindestens ein Kind über den Haufen rennt. Oder dich auf dem Weg drei Erwachsene aufhalten, um mit dir zu quatschen. Es ist alles total friedlich und lebendig. Ich habe selten so viele glückliche Kinder gesehen. Die Schwestern und Pfleger tragen Blau. Zumeist betreuen sie eins zu eins. Das heißt, eine Schwester hat ein Kind – und wenn die Betreuung dieses Kindes nicht so aufwändig ist, dann auch mal zwei. Man nimmt sich Zeit, um mit den Kindern zu kuscheln, zu spielen, hinauszugehen. Alle werden total verwöhnt. Die Leute geben sich die größte Mühe, dass es allen gut geht, und bieten Hilfe in allen Lebenslagen an.

An dieser Stelle muss gesagt werden, dass die meisten Kinder, nebst ihren Eltern, nur kurzzeitig dort sind. Wie in einem Urlaub. Wir nennen es Entlastungsaufenthalte, da man mit seinem erkrankten Kind – und natürlich auch den Geschwistern – dort hinfahren kann. Die Idee ist, sich mal zurückzulehnen und entspannt Zeit mit seinem Kind verbringen zu können. Das ist für viele sehr wichtig, denn sich rund um die Uhr um ein schwerst- oder mehrfach behindertes Kind zu kümmern, kann ganz schön belasten.

Natürlich ist da ein Hauch Krankenhausatmosphäre wahrzunehmen – allein durch die Gerätschaften der Kinder. Aber man lernt das irgendwann als normal hinzunehmen. Was es ja letztendlich auch ist.

Im Gegensatz zu zu Hause beginnt mein Tag dort sehr früh. Ich habe ansonsten immer das Gefühl, etwas zu verpassen. Das Frühstück ist immer vom Buffet und sehr reichhaltig. Oft denken sich die Küchenfeen etwas Besonderes aus. Ich bin im Prinzip dort unentwegt am Quatschen. Ich kenne mittlerweile viele; Freundschaften sind entstanden. Es gibt auch viele ehrenamtliche Helfer und Erzieher, die sich zusätzlich um die Kinder kümmern, was den Alltag total bunt und abwechslungsreich macht.

Das klingt schön. Dabei geht mir Folgendes durch den Kopf: Viele Menschen sind kerngesund. Sie haben einen Job und Freunde. Trotzdem wird unentwegt gemeckert. Frauen beschweren sich, weil sie nicht dünn genug sind oder der Partner nicht aufmerksam ist. Männer wollen mehr Geld. Was würdest du solchen Menschen sagen? (Du siehst schon, ich möchte etwas von dir lernen!)
Ich würde sagen: Jedem Tierchen sein Pläsierchen. In meinen Augen gibt es kein schlimmeres oder besseres Leid, das ist alles sehr individuell. Was für den einen ein bisschen schlimm ist, ist für den anderen kaum zu ertragen. Wenn jemand ankommt und mir erzählt, wie schlimm der blaue Fleck an seinem Schienbein ist, zeige ich genauso viel Anteilnahme, wie wenn sich jemand fünf Rippen gebrochen hat. Wenn für jemanden etwas so schlimm ist, dass er darüber reden – und gewiss manchmal auch jammern – möchte, finde ich das in Ordnung. Nur wenn mir jemand absolut auf den Senkel geht, kann da auch mal ein blöder Spruch kommen. Aber in der Regel ist Leid subjektiv.

Sehr weise ☺. Aber würdest du sagen, dass viele das Leben nicht genug wertschätzen und sich an Kleinigkeiten aufreiben?

Sie haben bestimmt einen Grund, warum sie Kleinigkeiten in den Mittelpunkt stellen. Das hat für mich nichts mit Wertschätzung zu tun. Es ist ja ihr Leben.

In welchen Momenten bist du besonders glücklich?
Ich glaube, einfacher ist es, zu sagen, in welchen ich nicht glücklich bin.

Okay.
Wenn das Wetter doof ist. Manchmal zuzugeben, wenn ich mal wieder so starke Schmerzen habe, dass ich zum Schmerzmittel greifen muss. Einen Grundschmerzpegel habe ich eh schon. Und wenn es den Menschen, die ich liebe, nicht gut geht ... Ansonsten bin ich eigentlich immer glücklich, was aber auch daran liegt, dass ich ein unverbesserlicher Optimist bin.

Was sind das für Schmerzen, die du hast? Beziehungsweise, woher kommen sie? (Sorry, dass ich so doof nachfragen muss. Bin halt kein Mediziner.)
Es gibt keine doofen Fragen! ☺

Stimmt. Aber vielleicht wird es dir irgendwann zu doof, sie zu beantworten. ☺
Die Fragen sind Teil meines Lebens; ich habe sie schon so oft beantwortet, für mich ist das selbstverständlich. Mal abgesehen davon: Je mehr Leute Bescheid wissen, desto weniger blöd wird man unterwegs angeschaut.

Also, weil meine Muskulatur kaum beansprucht wird, baut sie sich natürlich auch ab. Daraus resultiert, dass meinem Skelett an vielen Punkten die Körperspannung fehlt, wodurch es sich verschiebt. Ich habe eine sehr schiefe Wirbelsäule, zwei kaputte Hüften und kaputte Schultern. Das summiert sich natürlich, und durch die schiefe Haltung ist die noch vorhandene Muskulatur stets verspannt. Ein Teufelskreis.

Bedeutet das, dass du nicht laufen kannst und im Rollstuhl sitzt?
Jepp, in einem E-Rolli. Kann mich ja fast gar nicht bewegen.

Macht es dich nicht manchmal fürchterlich sauer, wenn du dich nicht bewegen kannst?
Nein, ich kenne es ja nicht anders. So viel mehr war es früher nie. (Die Krankheit ist ja fortschreitend.) Und was man nicht kennt, kann man nicht vermissen, oder?

Stimmt. Hast du eigentlich Angst vorm Sterben?
Nein, damit lebe ich nun schon so lange, dass ich das Sterben für mich als normal akzeptieren konnte.

Für die meisten ist der Tod ganz weit weg. Für dich ist er ziemlich nah, weil Ärzte dir diagnostiziert haben, nicht so alt zu werden. Wie schafft man es, das Ende des Lebens als normal zu akzeptieren?
Das ist eine gute Frage. Jeder stirbt früher oder später, das lässt sich nicht vermeiden. Und du könntest ja auch morgen bei einem Unfall sterben. Vermutlich werde ich früh sterben, vielleicht werde ich auch hundert Jahre alt, das Leben voraussagen kann keiner. Und darum lebe ich heute. Was morgen passiert, ist völlig egal.

Du hast vollkommen recht, es kann jeden Tag vorbei sein. Was möchtest du unbedingt noch erleben? Hast du eine Top-5-Liste?

1. in Irland Kobolde suchen und im Meer schwimmen
2. mich tätowieren lassen
3. einen Führerschein machen
4. ein Haus kaufen
5. für die Sternenbrücke als Juristin tätig werden.

Klingt super! Hast du den Sinn des Lebens eigentlich schon gefunden?

Ja, zu leben. ☺

That's it?

Japp. Das beinhaltet für mich allerdings auch, in vollen Zügen zu genießen und genau das zu tun, was man will. Eben einfach zu leben.

Wie hast du herausgefunden, was du wirklich willst?

Keine Ahnung. Ich neige zu sehr raschen, aber überlegten Entscheidungen – ohne dass sich das noch einmal ändert. Da gab es noch nie viel Wanken.

Das Leben ist zu kurz zum Umentscheiden.

Ich finde, es ist genau richtig lang.

Man muss es eben sinnvoll nutzen. Ich möchte mit dem Buch kranken Jugendlichen Mut machen. Wie schafft man es, positiv zu bleiben, obwohl man vielleicht Angst vor dem Tod hat?

Indem man den Tod als Teil von sich akzeptiert. Wenn man immer nur vor Augen hat, dass man demnächst stirbt und sich dabei gehen lässt, dann kann er nur kommen. Daher heißt es, stark bleiben, ihm im wahrsten Sinne des Wortes ins Gesicht zu lachen. Mal davon abgesehen, was kümmert es mich schon, was morgen ist? Ich lebe doch heute, also genieße ich den Tag und kann am Ende sagen, ich habe gelebt. Dann ist ein möglicher Tod gar nicht mehr so tragisch.

Und wie tröstet man die eigenen Eltern und Freunde?
Das ist das größte Problem. Ich glaube, sie müssen selbst damit umgehen lernen. Aber ich denke – so war es zumindest bei mir –, je selbstbewusster und offener man damit umgeht, desto leichter ist es auch für sie. Man sollte viel darüber reden, die Dinge aussprechen und ansprechen, nichts für sich behalten. Denn es hilft zu verarbeiten, wenn man darüber spricht und nicht allein ist. Letztendlich liegt der Schlüssel aber bei ihnen. Man kann ihnen nur die Hand reichen und für sie da sein.

Schon komisch, oder? Man selbst stirbt, ist aber für andere da.
Ja, irgendwie schon, und manchmal fühlt man sich sogar verantwortlich.

Hast du dir schon mal Gedanken über deine Beerdigung gemacht?
Die ist schon fix und fertig geplant und bezahlt. Ich habe als Kind immer gesagt, dass ich verbrannt werden möchte, und meine Eltern haben das schon vorbereitet. Und ich habe sogar schon vor Jahren an alle Briefe verfasst.

Welcher Song soll gespielt werden?
Shut up and Dance von Fiddler's Green.

KAPITEL 10

»Welcher Teenager will schon mit jemandem zusammen sein, der vielleicht bald stirbt?«
Laura, 17, Lymphknotenkrebs

»Ich komme nicht damit klar, dass du jetzt keine Haare mehr hast. Es ist vorbei.« Das hat mir mein Freund per SMS geschrieben. Da waren wir eineinhalb Jahre zusammen. Ich weiß, dass viele Schwerkranke erzählen, wie toll Freunde und Familie zu ihnen gehalten haben. Ich habe es auch anders erlebt. Mein Freund hat Schluss gemacht. Und eine gute Freundin hat mir die Krankheit gegönnt, weil sie insgeheim eifersüchtig auf mich war. Die Nachricht von meinem Freund erreichte mich, als ich gerade im Krankenhaus lag, mitten in der Chemotherapie. In dem Augenblick dachte ich: Jetzt gibt es für mich wirklich keinen Grund mehr, hier auf der Erde zu bleiben. Für mich war es schon schlimm genug, meine superlangen wasserstoffblonden Haare zu verlieren. Dass meine Glatze dann aber der Trennungsgrund war – damit kam ich nicht zurecht. Aber klar, die Sache mit den Haaren stand für etwas ganz anderes. Nämlich für meine Krankheit. Welcher Teenager will schon mit jemandem zusammen sein, der vielleicht bald stirbt? Insofern kann man meinem Ex nur einen Vorwurf für die Art und Weise der Trennung machen. Heute meldet er sich übrigens immer wieder. Wahrscheinlich hat er ein schlechtes Gewissen. Zu Recht.

Ich glaube, dass viele schwer kranke Jugendliche an den Tod denken. Gerade, wer bei der Chemotherapie mit extrem starken Nebenwirkungen zu kämpfen hat. Zu sterben erscheint dann als

eine Erlösung. Endlich keine Schmerzen mehr, kein Krankenhaus, keine Angst. Aber wir alle denken dann an unsere Eltern,
an die Freunde und Klassenkameraden. Wir entwickeln ein starkes Verantwortungsgefühl für die Menschen, die uns naheste-
hen. Auch wenn wir also nicht mehr an unserem Leben hängen,
kämpfen wir weiter. Weil wir an den Menschen hängen, die uns
lieben. Und weil wir sie nicht im Stich lassen können. Ich bin für
meine Mama stark geblieben.

Zehn Jahre lang habe ich im Verein Fußball gespielt, ich
war ein richtig sportliches und aktives Mädchen, war oft mit
Freunden unterwegs. Im Dezember 2012 wurde ich aber immer
müder. Nach der Schule musste ich mich oft hinlegen – und habe
bis zum nächsten Morgen durchgeschlafen. Das fand ich schon
ganz schön merkwürdig. Aber irgendwie war ich zu groggy, um
mir über den Grund großartig Gedanken zu machen. Im Januar
2013 entdeckte eine Klassenkameradin eine kleine Beule an meinem Hals, die ich nach der Schule Mutti zeigte – ich dachte allen
Ernstes, ich hätte Mumps oder so etwas in der Richtung. Noch
am selben Nachmittag fuhren wir zum Arzt, da wurde gleich ein
Ultraschall gemacht. Eine Woche später dann MRT im Krankenhaus. Für die Biopsie musste ich operiert werden. Der Tumor saß
direkt am Hals und hat in meinen Körper gestreut. Und zwischen
den Brüsten gab es noch einen Knoten, der auch befallen war.

Am 22. Februar 2013 stand fest: Ich habe Lymphknotenkrebs. Da war ich 15 Jahre alt. Das Perfide an dieser Krankheit
ist, dass das Lymphsystem durch den ganzen Körper verläuft. Es
ist sozusagen das Herzstück der Immunabwehr. Es gibt also nicht
den einen Punkt im Körper, der befallen ist und auf den man sich
dann konzentrieren kann. Deshalb war ich am Anfang vermutlich auch immer so fertig, weil mein gesamter Körper und mein
Immunsystem verdammt geschwächt waren. Die Ursachen für
Lymphknotenkrebs sind übrigens unbekannt – die Krankheit ist
recht selten.

Ich musste gleich im Krankenhaus bleiben und kam auf ein Zimmer, in dem ein Mädchen ohne Haare auf dem Kopf in ihrem Bett lag. Da bekam ich es richtig mit der Angst zu tun. In diesem Moment wurde die Krankheit für mich real. Ich wollte um keinen Preis dort bleiben. Die Ärzte willigten ein und schickten mich für eine letzte Nacht nach Hause. Aber dann wurde es ernst. Am nächsten Tag begann direkt die Chemotherapie. Und eine Woche lang war ich komplett ausgebucht, weil gefühlt tausend Untersuchungen an mir durchgeführt wurden. Da kommt man gar nicht groß zum Nachdenken, weil der ganze Tag von morgens bis abends durchgetaktet ist. Mit dem Mädchen in meinem Zimmer habe ich mich dann übrigens angefreundet. Sie hatte Leukämie. An die Sache mit dem kahlen Kopf gewöhnt man sich sowieso früher oder später, weil auf der Onkologie fast alle so rumlaufen.

Von März bis Juni bekam ich vier Chemo-Blöcke, danach 11 Bestrahlungstermine. Erst nahm ich rapide ab, weil mein Mund total wund und offen war und ich vor lauter Schmerzen nichts mehr essen wollte. Dann bekam ich Cortison verschrieben und nahm zwanzig Kilogramm zu. Ich verlor all meine Muskeln, saß im Rollstuhl. An manchen Tagen hatte ich so dolle Schmerzen, dass ich rein gar nichts mehr machen konnte. Mir wurde bewusst, dass ich vielleicht sterben könnte. Und klar, am Ende des Tages war ich noch immer ein Teenager. Also manchmal auch bockig und richtig mies drauf – nicht nur wegen der Krankheit und der Langeweile im Krankenhaus. Ich zoffte mich mit meiner Mama. Und hinterher dachte ich, dass es vielleicht besser wäre, wenn es mich nicht mehr gäbe. Einmal lag ich in der Badewanne und war total down. Ich erinnere mich genau an diesen Tag. Ich will nicht mehr leben, dachte ich immer und immer wieder. Einfach nur weg, raus aus diesem Körper. Aber dann entwickelt man doch wieder eine Superkraft und macht weiter. Woher die kommt? Ehrlich, ich weiß es nicht. Wahrscheinlich hat jeder so einen eingebauten Überlebenswillen.

Man muss versuchen, sich zu beschäftigen und nicht den ganzen Tag still vor sich hin zu leiden. Im Krankenhaus schaute ich viel Fernsehen. *Alarm für Cobra 11*, *Berlin Tag und Nacht*, solche Serien eben. Ich war auch häufig bei Facebook und vertrieb mir so die Warterei aufs Gesundwerden. In den Zeiten, in denen ich zu Hause sein durfte, schlief ich viel oder ging mit meinen Geschwistern spazieren. Oft schaute ich auch bei meiner alten Fußballmannschaft zu. Wie gern hätte ich wieder mitgespielt!

Krank sein und Freundschaften, das ist so eine Sache. Nicht nur mein Freund hat mich verlassen. Da gab es auch eine Freundin, die mich schwer enttäuschte. Ich war in einer Klasse mit dem Jungen, in den sie verliebt war – und verstand mich gut mit ihm, aber da lief nie etwas. Trotzdem war sie wahnsinnig eifersüchtig. Sie war davon überzeugt, dass ich mich an ihn ranmachen würde, und lästerte hinter meinem Rücken über mich ab. Als ich wegen des Cortisons so stark zunahm, erzählte sie in der Schule herum, dass sie mir das so richtig gönnen würde. Ehrlich gesagt, hat mich das mehr verletzt als die Schlussmach-SMS von meinem Ex. Mädchen können so fies zueinander sein. Wahrscheinlich hat sie damals nicht verstanden, wie krank ich wirklich war. Ich hätte mich in dem Alter auch nicht freiwillig mit Krebs auseinandergesetzt.

Da ich ein Mensch bin, der das Positive in anderen sieht und gern jedem eine zweite Chance gibt, habe ich mich irgendwann wieder mit diesem Mädchen vertragen. Leider fingen bald die Lästereien wieder von vorne an, weshalb ich die Sache dann endgültig beendet habe. Mit Mädchenfreundschaften habe ich seit dieser Sache so meine Probleme. Mädels zicken rum, vergleichen sich miteinander, gönnen der Anderen ihr Glück nicht. Ich hänge mittlerweile viel lieber mit Jungs ab. Da ist keine Konkurrenz, sondern eine entspannte Atmosphäre. Durch meine Krankheit bin ich eigentlich keine siebzehn mehr, sondern mindestens zwanzig. Ich vergeude meine Zeit nicht mit schwierigen Menschen, die es nicht gut mit mir meinen.

Im September 2013 stand endlich fest, dass ich den Krebs besiegt hatte. Es ging für mich in die Reha in den Schwarzwald. Dort erlebte ich den schönsten Tag meines Lebens: Ich lernte Vanessa kennen. Ich dachte gleich, dass sie richtig nett aussieht. Es stellte sich heraus, dass sie dieselbe Krankheit hat wie ich und auch ganz ähnliche Nebenwirkungen. Sie wohnt zwar weit weg von mir, aber es ist trotzdem ein wunderschönes Gefühl, jemanden zu haben, der einen richtig gut versteht. Wir teilen nicht das tägliche Einerlei miteinander, sondern die großen Themen. Wir versuchen, uns viermal im Jahr zu sehen. Im Januar waren wir wieder zusammen in der Reha, teilten uns ein Zimmer. So sahen wir uns fünf Wochen am Stück, stritten uns aber kein einziges Mal. Wir haben Spaß wie beste Freundinnen und vertraute Schwestern. Die Krankheit hat auch gute Dinge in mein Leben gebracht. Vanessa ist eines davon.

Heute bin ich gesund, nur meine linke Herzkammer wurde durch die Chemo geschädigt, mit ihr habe ich immer wieder Probleme. Aber davon lasse ich mich nicht aufhalten. Als mir die Ärzte sagten, dass ich gesund bin, nahm ich mir vor, jedes Wochenende feiern zu gehen. Da wurde ich gerade 16 ... perfekte Voraussetzungen also. Ich wollte das Leben einfach feiern und mir die Zeit zurückholen, in der ich im Krankenhaus gelegen habe und zum Nichtstun verdammt war. Genau so habe ich es dann auch gemacht: jedes Wochenende auf die Piste. Zunächst einmal habe ich mich richtig unwohl in meiner Haut gefühlt, ich hatte ja noch kurze Haare und war irgendwie noch nicht wieder richtig in meinem Körper angekommen. Es hat gedauert, bis ich unbeschwert Spaß haben konnte. Wahrscheinlich hat es einfach gebraucht, in der normalen Welt wieder Fuß zu fassen.

Ich habe klare Vorstellungen davon, was ich mit meinem Leben vorhabe. Erst einmal die Mittlere Reife bestehen, dann eine Ausbildung beginnen. Am liebsten zur Kauffrau für

Büromanagement. Eine Freundin von mir macht das und es klingt richtig cool. Ich könnte mir vorstellen, dass ich gern im Büro bin. Und nach der Ausbildung dann ein großer Urlaub. Am besten in die Karibik oder nach New York. Arbeiten, ein Haus haben, Kinder kriegen – das sind meine Wünsche. Also nicht besonders ausgefallen. Das kleine Glück zählt, das weiß ich heute. Gesund sein. Und Menschen um sich haben, die einen auch lieben, wenn man gerade kein einziges Haar auf dem Kopf hat. Mir ist wichtig, dass ich mich nicht mehr verstelle, um anderen zu gefallen. Vor meiner Krankheit habe ich das häufig gemacht, weil ich beliebt sein wollte. Aber es bringt ja nichts, vorzugeben, jemand anderes zu sein. Ich ändere mich heute für niemanden mehr. Denn mit mir selbst im Reinen zu sein, ist das Allerwichtigste. Der Krebs hat mich auch in Bezug auf den Mut verändert: Heute habe ich keine Angst mehr zu scheitern. Wenn etwas schiefgeht, macht mir das viel weniger aus. Allein, es versucht zu haben, ist viel wert. Und so feiere ich auch meine Niederlagen – obwohl es aus meiner Sicht falsch ist, von einer Niederlage zu sprechen. Denn alles ist eine Erfahrung, die einen weiterbringt. Ich stehe einfach immer wieder auf und nutze die Chancen, die mir das Leben bietet.

Eigentlich könnte man erwarten, dass jetzt alles toll ist und ich jeden Tag glücklich bin. Das würde ich von einem Mädchen, das eine schwere Krankheit besiegt hat, auch denken. Gerade ist es aber so, dass ich mich häufig abschotte. Die Krankheit hat mich mehr mitgenommen, als ich es mir anfangs eingestehen wollte. Sie hat mir meine Leichtigkeit genommen und auch mein Wesen verändert. Da ist tatsächlich nicht nur viel im Körper, sondern auch viel im Kopf passiert. Außenstehende denken: Laura war schwer krank und hat überlebt, warum lacht sie nicht den ganzen Tag und tanzt über die Straße?! So einfach ist das halt nicht. Keiner denkt darüber nach, wie meine Seele mit der Todesangst und den Schmerzen umgegangen ist. Und mit genau dieser Unbedachtheit komme ich nicht klar. Manchmal denke ich, dass viele Menschen ganz schön oberflächlich sind.

Ja, mich nimmt das alles noch immer ganz schön mit – obwohl ich gesund bin. Häufig habe ich Fressattacken, fühle mich unwohl. In meinem eigenen Körper nicht zu Hause. Jetzt könnte man sagen, dass das bestimmt von der Pubertät kommt. Andere Jugendliche machen das auch durch. Ich fühle aber, dass es der Krebs ist, der die Beziehung zu meinem Körper belastet. Manchmal schaue ich mir andere in meinem Alter an und denke: Ihr habt das perfekte Leben, eine tolle Familie, unternehmt jedes Wochenende etwas. Und ich musste gegen den Tod kämpfen. Ist das fair? Dann und wann überlege ich, zum Psychologen zu gehen. Schließlich habe ich so viele Ärzte gesehen, da kommt es auf einen für meine Seele auch nicht mehr an.

KAPITEL 11

»Ich sage zum Abschied gern: ›Gute Reise!‹«
Interview mit Dr. Hans-Ulrich Bender,
Palliativmediziner für Kinder und Jugendliche

*»Ja die Kinder, sogar die ganz kleinen, hatten nicht
irgendeinen Kindertod, sie nahmen sich zusammen und
starben das, was sie schon waren, und das, was sie
geworden wären.«*
Rainer Maria Rilke: *Die Aufzeichnungen des Malte
Laurids Brigge*

*Als Kinderarzt arbeitete Dr. Hans-Ulrich Bender lange in der
Onkologie. Heute fährt er mit einem Team aus Palliativexperten
von Familie zu Familie. Denn viele unheilbar kranke Kinder und
Jugendliche wollen zu Hause sterben – und eben nicht in einer
Klinik. In ihrer gewohnten Umgebung – im eigenen Bett – fühlen
sie sich beschützt und geborgen. Hans-Ulrich Bender hält außerdem Vorlesungen für Medizinstudenten. Ihnen erklärt er auch,
dass Erwachsene manchmal lieber in einem Krankenhaus oder
Hospiz sterben möchten; ihr Zuhause war schließlich der Ort, an
dem sie gelebt und geliebt haben – und den sie genau so in Erinnerung behalten möchten.*

*Als Palliativarzt begleitet Hans-Ulrich Bender Kinder und
Jugendliche auf ihrem letzten Weg, in den letzten Tagen und
Stunden. Seine Aufgabe ist es, die Medikamente so einzustellen,
dass die Patienten unter ihren Schmerzen nicht leiden. Neben der*

richtigen Medikation ist es aber auch wichtig, die Familie des Sterbenden zu begleiten. Die Eltern sind schließlich häufig voller Angst. Denn stirbt das eigene Kind zu Hause, ist man eben nicht nur Mama und Papa, sondern auch Krankenschwester, Pflegepersonal und manchmal behandelnder Arzt. Zum Beispiel, wenn man die Medikamente verabreicht. Das Palliativteam ist deshalb rund um die Uhr telefonisch erreichbar. Gibt es Fragen oder Unsicherheiten, sind die Eltern nicht allein. Auch wenn man ihnen die Befürchtung, etwas falsch zu machen, nicht gänzlich nehmen kann. Über allem liegt die große Unsicherheit in Bezug auf den Tod. Wann kommt er? Und wird mein Kind leiden müssen?

Wie bereiten Sie Eltern darauf vor, dass ihr Kind nicht mehr gesund wird?

Das ist das schwierigste Gespräch überhaupt. Man kann gewisse Grundregeln natürlich lernen – aber letzten Endes gibt es kein Patentrezept dafür, wie solche Gespräche am besten geführt werden. Vor allem darf man eine so existenzielle Situation nicht zwischen Tür und Angel oder gar auf dem Krankenhausflur besprechen. Ich nehme mir Zeit, höre zu und erkläre viel. Wenn der Tod nicht mehr lange auf sich warten lassen wird, schildere ich genau, was passieren kann. Beispielsweise, dass die Atmung des Sterbenden rasselt. Man muss die Angehörigen vorbereiten, sonst machen ihnen diese natürlichen Vorgänge verständlicherweise große Angst.

Sie begleiten junge Menschen beim Sterben. Ist das nicht sehr belastend?

Mir ist es ganz wichtig, dass Palliativmedizin eben keine Sterbemedizin ist, sondern Medizin für das Leben. Wir machen die Zeit, die noch bleibt, lebenswert. Natürlich gibt es immer wieder Fälle oder Gespräche, die mich daran hindern, mich wohlzufühlen. Deshalb haben wir Palliativmediziner Supervision.

Wir treffen uns regelmäßig mit einem Psychologen und arbeiten Situationen auf. Dauerhaft würde sonst wohl zu viel in der Seele hängen bleiben.

Warum sind Sie Kinder- und Jugendonkologe geworden?
Ich wollte meine Patienten für eine längere Zeit begleiten, eine Beziehung zu ihnen aufbauen. Das geht in der Onkologie sehr gut. Als junger Arzt war es mein Traum, Notfallmediziner zu werden. Dann wurde mir aber klar: In dem Moment, wo ich weiß, wie man den Namen des Patienten richtig schreibt, wird er schon auf die Station verlegt – und ich habe nichts mehr mit ihm zu tun. Ich erlebte meine Patienten damals eigentlich immer nur an der Beatmungs- oder Herz-Lungen-Maschine, aber eben nicht als Mensch.

Jetzt sind Sie Palliativmediziner. Welche Fähigkeiten sind da wichtig?
Zuhören können. Also richtig aktiv! Und reden. Auf Neudeutsch heißt das »sprechende Medizin«. Es geht ja vor allem darum, wie man mit den Leuten kommuniziert. Sie müssen spüren, dass man bei ihnen ist. Ich glaube, dass ich in meiner Zeit auf Onkologiestationen einen guten Draht zu meinen Patienten hatte und ein Vertrauensverhältnis aufbauen konnte. In meiner Assistenzzeit durfte ich mir aber auch die eine oder andere Watschen abholen, weil meine Oberärztin meinte, ich würde zu viel und zu lange mit den Leuten reden. Jetzt weiß ich: Die Watschen waren falsch! Denn Sprechen ist das Einzige, was Patienten und Angehörige bei der Stange hält.

Was für einen Palliativmediziner noch wichtig ist, sind die Symptomkontrolle und der Umgang mit Medikamenten. Das setzt ein fortgeschrittenes medizinisches Ausbildungsstadium voraus. Einen Berufsanfänger in die Palliativmedizin zu stecken, halte ich für falsch. Es geht bei unserer Arbeit vor allem um die

Denkweise. Ich habe oft erlebt, dass sich keiner traut, Stopp zu sagen. In einer Klinik herrschen hierarchische Strukturen – und das ist auch gut so. Wäre es eine Demokratie, hätten wir vermutlich Therapiechaos. Ich versuche, meinen Studenten trotzdem zu vermitteln und sie zu ermutigen, sich das große Ganze anzuschauen.

Wie gehen Jugendliche mit dem Tod um?

Es gibt verschiedene Extreme. Die einen rebellieren: »Der Tod ist für mich jetzt überhaupt noch nicht vorgesehen! Ich will erst noch eine Ausbildung machen, reisen, die Welt sehen.« Da merkt man, für die stirbt gerade die Zukunft. Erst nach einiger Zeit können sie die Umstände annehmen – vorher wird noch mit dem Schicksal verhandelt.

Andere sagen: »Sterben? Das kann ich meiner Mama doch nicht antun!« Als Stationsarzt hatte ich einen 17-jährigen Patienten mit einem bösartigen Knochentumor. Er hat gekämpft wie ein Löwe, hat alle Therapien klaglos ertragen. Eines Tages hatte ich Nachtdienst, im Fernsehen lief ein Fußballspiel. Ich kam in sein Zimmer, weil ich Blut abnehmen musste. Ich stand neben ihm, wir schauten beide in die Glotze, beobachteten das Spiel. Plötzlich meinte er: »Weißt du, mir ist das ja egal. Aber meine Mama. Die geht doch drauf, wenn ich sterbe.« Und dann unvermittelt: »Oh, Mann, der steht doch frei!« Männer können beim Fußballschauen wirklich über existenzielle Dinge sprechen. Er konnte erst gehen, als seine Mutter ihn losließ: »Du darfst sterben. Es ist okay, ich komme klar.«

Und schließlich gibt es noch jene, die klar und realistisch sind. Die lange um ihr Leben kämpfen, aber irgendwann loslassen. Ich behandelte einen Jungen mit Weichteilkrebs. Er war beeindruckend entschlossen und selbstgewiss. Wir hatten ihm nach der Standard-Chemo noch weitere Therapien angeboten, aber er lehnte ab: »Nee! Mir reicht's, ich will nicht mehr.« Für seine Mutter war das die Vollkatastrophe. Sie hatte ein Baby verloren, den Mann an Krebs, und ihr einziges verbleibendes Kind beschließt: »Ich breche die Therapie ab.« Und das mit einem Selbstbewusstsein, das mir bis heute imponiert. Der Junge hat sich auch vor dem Klinikchef aufgebaut und unmissverständlich verkündet, dass er nicht weitermacht. Ihm war völlig klar, dass er sterben wird.

Warum können Jugendliche so klare Entscheidungen für sich treffen?

Für sie stirbt vielleicht weniger Zukunft als für die Eltern. Wenn ein Kind stirbt, stirbt ja auch alles, was es hätte werden können. Die Eltern verlieren die Zukunft ihres Kindes gleich mit. Das sehen sie natürlich viel deutlicher, denn die Zukunft ihrer Tochter oder ihres Sohnes ist auch ihre eigene Vergangenheit. Die Tanzschule, der Abiball, das erste Mal knutschen – all das wird das Kind nicht erleben. Aber Mutter und Vater wissen, wie schön und aufregend sich das alles anfühlt. Letzten Endes ist das eine antizipierte Trauer: Sie trauern um die Zukunft des Kindes.

Können es Eltern überhaupt schaffen, den Tod ihres Kindes zu überwinden?

Die Frage ist, was man mit Überwinden meint. Verschwinden wird der Schmerz jedenfalls nie, der Verlust ist immer da, sagen die Betroffenen. Aber die Qualität verändert sich. Meine Aufgabe als Mediziner ist es auch, nach dem Tod des Kindes nach der Familie zu sehen. Wird die Trauer pathologisch, muss ich psychologische Hilfe organisieren.

Würden Sie sagen, dass viele kranke Jugendliche einen unbändigen Lebenswillen haben?

Das kommt auf die Krankheit an. Dieser Kampfgeist ist typisch für onkologische Patienten. Denn der Krebs ist eine Krankheit, die man potenziell besiegen kann. Da gibt es ja auch Erfahrungs-werte. Muskel- oder Nervenerkrankungen sind häufig eben nicht heilbar. Diese Patienten haben durchaus einen Lebenswillen, aber oft nicht diesen Kampfgeist.

Jugendliche wollen feiern gehen, die erste große Liebe erleben. Wo liegen da die Herausforderungen für den behandelnden Arzt?

Wir sind in einer speziellen Situation. Gerade bei denen, die an ihrer Krankheit sterben werden, befinden wir uns in einem Dilemma. Ich wünsche mir für sie ja auch noch ein bisschen Leben. Selbst wenn es manchmal grenzwertig war, habe ich vieles möglich gemacht. Kurz vor seinem 18. Geburtstag eröffnete mir ein Patient – er war gerade mitten in einer Chemotherapie –: »Hey Doc, meine Jungs haben für mich eine Suite in einer Disko angemietet. Aber wegen der Chemo darf ich eigentlich nicht mit. Was machen wir?« Meine erste Reaktion: »Junge, du hast nicht genügend Blut an Bord, um die ganze Nacht Party zu machen.« Ich habe seinen Wunsch aber dann mit der Oberärz-tin besprochen und wir ließen ihn letztlich mit seinen Freunden feiern – aber wirklich als absolute Ausnahme und mit sehr vielen Sicherheitsvorkehrungen.

Wie ist die Stimmung auf einer onkologischen Station?

Viele, die zur Chemotherapie kommen, rollen sich psychisch komplett zusammen, sobald sie das Krankenhaus betreten. Sie sind total in sich gekehrt, schlafen viel und warten, bis es vorbei ist. Sie zählen die Tage rückwärts, bis sie endlich wieder raus-kommen. Wenn man dann die Entlassung verschieben muss, weil es Komplikationen gibt, wird auch geweint. Mir wurde nicht nur einmal an den Kopf geworfen, dass ich ein Arschloch sei. Die Jugendlichen werden dann persönlich – für mich ist das herzzerreißend. Aber klar, sie waren natürlich die ganze Zeit mit

Rückwärtszählen beschäftigt. Wenn die Hoffnung enttäuscht wird, ist die Verzweiflung groß. Besonders bei Mädchen habe ich das oft erlebt.

Wie ist das bei Jungs?

Die verlieren im Krankenhaus ihre Coolness recht zügig. Ich behandelte mal einen richtig lässigen Typen, er hatte Leukämie und brauchte eine Knochenmarkstransplantation. Seine Gang kam, alle trugen Baseballkappen. Einer cooler als der andere. Sie setzten sich in der Transplantationseinheit draußen vors Fenster und schauten zu, wie ich das Knochenmark angehängt habe. Das Problem war aber, dass so eine Prozedur stinklangweilig ist, denn das Knochenmark sieht aus wie ein gewöhnlicher Blutbeutel. Nach zwanzig Minuten sind die Jungs enttäuscht wieder abgezogen.

Wie sind die Gespräche, wenn man einem Patienten sagen muss, dass man nichts mehr für ihn tun kann?

Schrecklich! Meine erste Patientin, mit der ich dieses Gespräch führen musste, war 17, sie litt an Knochenkrebs. Ich erinnere mich, dass ihr die Mutter immer hässliche Mützchen gehäkelt hat – und das Mädchen setzte sie brav auf. Dann kam der Tag, an dem klar war, dass wir sie nicht heilen können. Meine Oberärztin war eine sehr strenge Frau. Sie konnte mich innerhalb von zwei Minuten auf Briefmarkengröße zusammenfalten. Ich verdanke ihr sehr viel! Sie beschloss, dass ich dieses Gespräch führen werde.

Ich habe der Patientin erklärt, dass wir keine Waffen mehr haben gegen ihren Krebs. Wir saßen mit ihrer Mutter und der Oberärztin in einem stinknormalen Ambulanzzimmer. Das Mädchen ist total zusammengeklappt. Sie weinte und fragte schließlich: »Heißt das, dass ich sterben muss?« Das kam ganz klar aus ihr heraus. Ich bejahte. Dann musste ich eine Pause machen, weil ich sonst selbst hätte weinen müssen. »Kann ich noch nach Rom fahren?«, wollte sie wissen. »Ja klar!« Dann weinte sie wieder, wischte sich die Tränen weg und fragte mich, wo ich an ihrer Stelle in Rom hingehen würde. Ich zählte ihr also die Orte auf, die ich gut fand.

Als sie den Raum verließ, habe ich wie selten in meinem Leben geweint, so schlimm war dieses Gespräch für mich. Zum ersten Mal wurde mir die Endgültigkeit klar. Meine Oberärztin war die ganze Zeit dabei, hat kein Wort gesagt. Und als ich weinte, ist sie neben mir sitzen geblieben. Das rechne ich ihr bis heute hoch an. Ich bin ins Assistentenbüro gegangen und habe mir mit einem Kollegen die schlimmsten Schimpfwörter für Krebs ausgedacht.

Ein paar Tage später meinte die Patientin zu mir: »Ich habe nicht mal einen Freund gehabt – das ist so gemein! Ich hätte gern mal mit einem Jungen geschlafen.« In solchen Augenblicken wird einem als Arzt noch einmal klar, dass hier Menschen sterben, die noch gar nicht richtig gelebt haben. Sie ist dann nach Rom gefahren – und es hat ihr dort gut gefallen.

Wollen Ihre Patienten auch von Ihnen wissen, wie lange sie noch zu leben haben?

Oh ja, die Frage kommt immer. Wie lange habe ich noch? Ich rate den Studenten, sich möglichst nicht eindeutig festzulegen. Wir Ärzte können uns da so täuschen! Ich sage ganz ehrlich, dass ich es nicht genau weiß, wann der Tod kommen wird. Aber dass wir – um mal ein Beispiel zu nennen – wahrscheinlich eher von Monaten als von Jahren sprechen.

Was geben Sie den Jugendlichen am Ende mit auf den Weg?

Der wichtigste Satz – und das wäre auch ein Satz, den ich mir selbst in der Situation wünschen würde: »Du bist nicht allein.«

Ich bin nicht der beste Freund und ich bin auch nicht Mama oder Papa. Aber ich bin der Doc. Wenn die Patienten das verstehen, kann sich ein fantastisches Vertrauensverhältnis entwickeln.

Mit einem Patienten konnte ich offen reden. Er war schon zu Hause zum Sterben, es ging ihm von Tag zu Tag schlechter. Wir kannten uns gut und hatten ein wirklich gutes Verhältnis. Ich hatte eine Woche Skifahren gebucht und besprach das mit ihm: »Hör zu, ich fahre jetzt sechs Tage weg. Wie geht's dir?« Er meinte, dass er nicht wüsste, ob er es schaffen würde. Ich fragte ihn, ob er es schaffen will: »Sonst sagen wir heute Tschüss.« Er meinte: »Ich schaffe das schon, ich will es schaffen.« Zwei Tage, bevor ich aus dem Skiurlaub zurück war, ist er gestorben. Die Schwester rief mich an. Das Erste, was ich gedacht habe, war: »Du Arsch! Halte dich auch an unsere Abmachungen!« Ich sage zum Abschied nämlich immer gern: »Gute Reise!«

KAPITEL 12

»Ich habe eine sehr große Sehnsucht nach Leben.«

Maxi Sophie, 20, Polyposis und Dickdarmentfernung

Ich war immer gesund, hatte nur ab und zu Schnupfen. Doch dann bekam ich eine seltene Erbkrankheit, die mich fast meine gesamte Jugend im Krankenhaus verbringen ließ. Sie heißt familiäre adenomatöse Polyposis und bedeutet so viel wie »Befall des Dickdarms mit Polypen«. Daraus kann schnell Darmkrebs werden, wenn nicht gleich gehandelt wird. Die Krankheit ist extrem selten. Es wird geschätzt, dass von hunderttausend Menschen fünf bis zehn Personen an dieser Genmutation leiden.

2008 war plötzlich Blut in meinem Stuhl. Die Ärzte im Krankenhaus meiner Heimatstadt Lübbenau im Spreewald tippten auf eine harmlose Infektion. Also wurde ich wieder nach Hause geschickt. Doch das Blut kam wieder – jedes Mal, wenn ich zur Toilette musste. Also bekam ich eine Darmspiegelung im Potsdamer Klinikum. Da sahen die Ärzte, dass mein Darm von Polypen befallen war. Das sind Schleimhautverwölbungen, aus denen Krebs entstehen kann. Weil es in Heidelberg Spezialisten für meine Krankheit gibt, wurde ich dorthin verlegt – weit weg von meiner Familie und meinen Freunden. Nach langem Hin und Her wurde im Dezember 2009 ganz plötzlich entschieden, mich zu operieren. Die Ärzte sagten, ich hätte sonst nur noch fünf Monate zu leben. Während der sechsstündigen OP wurden mir Dickdarm, Blinddarm und Enddarm entfernt. Ich weiß, dass das unvorstellbar klingt, aber die

Chirurgen bastelten aus meinem Dünndarm einen Enddarm und zogen ihn bis zum Schließmuskel. Für neun Monate lebte ich mit einem künstlichen Darmausgang. Erst dann war alles verheilt. Ich war damals 14 und realisierte nicht, wie krank ich wirklich war. Das war vielleicht mein Glück. Erst, als ich einige Zeit später meine Krankenakte gelesen habe, wusste ich, wie krass es gewesen war. Mittlerweile kenne ich mich mit meiner Krankheit besser aus als viele Ärzte.

Ich hatte das Glück, dass sich die Krankenschwestern liebevoll um mich kümmerten. Manchmal nahmen sie mich sogar mit zu McDonald's, wenn ich das Krankenhausessen nicht mehr sehen konnte. Langweilig wurde es mir also nie. Nachdem ich die Darmsache einigermaßen überstanden hatte, entdeckten die Ärzte zwei Fisteln (das sind Verbindungen zwischen Organen, die normal nicht vorgesehen sind) im Unterleib, die auch wegoperiert werden mussten. Dann versagte eine Niere fast ganz. Immer wieder wurde ich per Krankentransport von Lübbenau nach Heidelberg gefahren. Jedes Mal neun Stunden Fahrt. Manchmal war ich mehr tot als lebendig. Irgendwann habe ich nur noch vierzig Kilogramm gewogen, weil ich vor Schmerzen nichts mehr essen konnte.

Im März 2012 entdeckten die Ärzte dann einen neun mal neun Zentimeter großen Tumor direkt hinter meinem gebastelten Darm. Meine Blutwerte waren superschlecht, der Blutdruck gefährlich niedrig. Ich glaube, mein Körper wollte nicht mehr. Ich bekam Medikamente, damit der Tumor schrumpft. Der dachte aber nicht daran, sich zu verziehen. Er wurde so groß, dass er meinen Darm eindrückte. Also bekam ich Bestrahlung, drei Monate lang. Wenn ich in Heidelberg war, fühlte ich mich oft sehr einsam. Meine Mutter konnte wegen ihres Jobs nicht immer da sein. Trotzdem hat sie es irgendwie geschafft, in den drei Monaten fast vier Wochen bei mir zu sein. Wir gingen in den Zoo, zum Shoppen und fast jeden Tag auswärts essen, damit ich überhaupt einen Bissen runterkriegte. Sogar meine Großeltern und mein Onkel haben mich in Heidelberg besucht.

Trotz allem hatte ich immer ein Lächeln im Gesicht und so etwas wie Lebensmut. Mit den Ärzten und Krankenschwestern habe ich Späße gemacht. Und dann war da noch meine beste Freundin Katja. Sie war immer für mich da, hat mich am Telefon zum Lachen gebracht. Wenn ich es vor Schmerzen kaum noch aushielt, habe ich mir gedacht: »Tod, du kannst mich mal! Ich bleibe hier!« Ich habe wirklich hart darum gekämpft, leben zu dürfen. Im Nachhinein frage ich mich, warum so viele Leute ihren Körper mit Drogen kaputt machen, wo ich doch so gern in einem gesunden Körper leben möchte. Wirklich gerecht ist das nicht.

Seit ich am 2. Mai 2012 aus dem Krankenhaus kam, geht es mir gut. Ich gehe alle drei Monate zur Kontrolle. Angst vor den Checks habe ich nicht, denn so schnell bilden sich Tumore nicht. Und wenn welche kommen, gibt es halt wieder eine Bestrahlung. Ich bin da nicht mehr zimperlich.

Ich war schon mal verliebt und hatte einen Freund. Das ist ein so schönes Gefühl, das will ich wieder haben! Ich erwarte vom Leben nicht mehr so viel wie andere. Ich bin einfach nur froh, dass ich lebe. Vielleicht ist das so etwas wie mein Geheimnis: Ich halte meine Erwartungen niedrig und bin deshalb sehr glücklich. Vielleicht sollten das andere Menschen mal ausprobieren. Einfach froh darüber zu sein, dass man keine Schmerzen hat und atmen kann. Ich hatte eine Freundin mit derselben Krankheit wie ich. Sie hat es nicht geschafft. Einmal im Monat besuche ich ihr Grab. Ich weiß, dass das mein Grab sein könnte.

Seit etwa zwei Jahren wohne ich in Berlin und mache eine Ausbildung zur Kauffrau für Büromanagement. Ich genieße die Großstadt, gehe oft aus und habe viele Freundinnen. Dass sich das Leben heute so schön und sorglos anfühlt, ist für mich keine Selbstverständlichkeit. Mein Lebensmotto: »Wer kämpft, kann verlieren. Wer nicht kämpft, hat schon verloren.« Das werde ich demnächst auf meinem Körper verewigen lassen. Hätte ich einen Wunsch frei, würde ich gern später Kinder haben. Das wird für mich nicht selbstverständlich sein, denn die Bestrahlung hat in meinem Unterleib viel kaputt gemacht. Ich weiß, dieser Wunsch klingt komisch, wenn man erst zwanzig ist. Falls es nicht klappt, schwanger zu werden, werde ich ein Kind adoptieren – das weiß ich jetzt schon genau. Ich habe eine sehr große Sehnsucht nach Leben.

KAPITEL 13

»Warum muss ich mich von der Chemo quälen lassen, während die anderen auf Kindergeburtstagen Schokoküsse essen?«

Maximilian, 14, Leukämie

Maximilian, du hattest Leukämie. Was war das Allerschlimmste an der Krankheit für dich?

Meine Eltern traurig zu sehen. Ich war ja erst 11 Jahre alt und habe am Anfang gar nicht verstanden, was los ist. Jetzt bist du halt krank, das wird ein bisschen anstrengend, dachte ich mir. Ich spürte aber, dass eine Sache ziemlich merkwürdig war. Und zwar, dass Mama und Papa sich immer Mühe gaben, nicht zu weinen. Ihre Gesichter waren verkrampft. Sie wollten vor mir einfach nicht traurig sein. Aber ich wusste natürlich trotzdem, dass es ihnen schlecht geht. Als Kind kriegt man ja viel mehr mit, als Erwachsene denken.

Wie wurde erkannt, dass du erkrankt warst?

An Pfingsten 2011 waren wir mit unserem Wohnmobil an der Nordsee. Schon auf der Hinreise ging es mir nicht so gut. Ich hatte Kopfschmerzen und musste mich oft hinlegen. Auf der Rückreise hatte ich dann geschwollene Lymphknoten am Hals. Zurück zu Hause gingen wir sofort zu meiner Kinderärztin. Sie meinte, es könnte eine Entzündung sein – oder auch etwas Schlimmeres. Dann kam Fieber hinzu, woraufhin sie mich komplett durchgecheckt und ins Kinderkrankenhaus Vechta überwiesen hat.

Nachts wurden dort weitere Tests gemacht. Früh am nächsten Morgen brachte man mich mit dem Krankenwagen auf dem schnellsten Weg nach Bremen. Am selben Tag teilten die Ärzte meinen Eltern mit, dass ich wahrscheinlich Leukämie hätte.

Hast du das Gespräch mitbekommen?

Nein, das fand nicht bei mir am Bett statt. Das haben die Erwachsenen untereinander ausgemacht. Die Ärzte erklärten mir lediglich, dass ich für längere Zeit im Krankenhaus bleiben müsse. Mama hatte Tränen in den Augen. Ich war aber noch recht entspannt. Erst später verstand ich, dass es richtig ernst um mich stand. Einmal fragte ich, ob man an meiner Krankheit sterben könne. Das war wohl der schlimmste Moment überhaupt für meine Mama. Ich glaube, sie hat gar nichts gesagt. Aber das ist ja auch eine Antwort.

Weißt du, wie ernst die Leukämie bei dir war?

Sie wurde definitiv früh genug erkannt – sonst könnten wir dieses Interview ja gar nicht führen. Aber man hätte nicht länger warten dürfen, dann wären die Heilungschancen viel schlechter gewesen. Die Ärzte begannen sofort mit der Chemotherapie. Teilweise habe ich sie gut vertragen. Es gab aber eine mit dem Mittel MTX, die griff die Schleimhäute wie verrückt an. Mein Mund war total offen und kaputt. Ich hing ständig über dem Waschbecken, weil das Blut floss. Essen oder trinken war kaum möglich und tat mir höllisch weh. Und sprechen war auch total schmerzhaft. Da denkst du als 11-Jähriger schon mal: Bin ich hier eigentlich im falschen Film gelandet?

Wie hast du dich im Krankenhaus beschäftigt?

Ich lag ja die ganze Zeit im Bett. Also habe ich mir etwas vorlesen lassen oder Fernsehen geschaut. Einfach so in die Luft geschaut und nachgedacht habe ich aber auch oft. Andere in meinem Alter konnten draußen spielen – und ich lag mit meinem wunden Mund auf der Station und machte mir so meine Gedanken.

Kam dir das nicht manchmal surreal oder sogar ungerecht vor?

Ich habe mich in der Zeit stark auf mich konzentriert und mein Leben bewusst nicht mit dem der anderen verglichen. Ich glaube, dass einen das sonst fertigmacht. Man fühlt sich vom Leben fies behandelt. Nach dem Motto: Warum muss ich mich von der Chemo quälen lassen, während die anderen auf Kindergeburtstagen Schokoküsse essen?

Wie lange dauerte deine Krankheit?

Die Chemo ging eineinhalb Jahre. Meine Leukämie war dann aber nicht vollständig weg. Ich brauchte eine Knochenmarkspende. Als ein Spender gefunden war, bekam ich in Hamburg die Transplantation. Dort habe ich gemerkt, dass die Krankenschwestern und Ärzte nicht so oft mit Kindern zu tun haben. In Bremen, wo ich ja eigentlich behandelt wurde, lag ich in der Kinderklinik. Die Station ist rund, in der Mitte trifft man immer auf andere und kann ein bisschen reden. In Hamburg gab es so was nicht. Ich durfte nach der Transplantation auch nicht aus dem Zimmer und wurde isoliert, denn mein Immunsystem wurde auf null gesetzt, damit mein Körper die Spende nicht abstößt. Eine kleine Grippe hätte mich töten können.

Hast du deinen Spender kennengelernt?

Ja, ich habe im Krankenhaus eine Karte von ihm bekommen mit Grüßen und Glückwünschen, auf die wir auch geantwortet haben. Allerdings war sein Name darauf weggestrichen, bis auf »A« – weil ja noch die Chance bestand, dass ich es doch nicht schaffe. Aber nach etwa zwei Jahren, auf dem *World Blood Cancer Day*, durfte ich ihn dann kennenlernen, und seitdem stehen wir in Kontakt. Wir schreiben Nachrichten über WhatsApp und treffen uns auch.

Würdest du sagen, dass die Krankheit dich verändert hat?

Oh ja, ich bin definitiv tiefgründiger als andere. Einen Freund habe ich, der ist geistig mit mir auf einer Höhe. Mit ihm kann ich mich austauschen. Aber manche in meiner Klasse führen sich auf wie Zehnjährige. Das ist wahrscheinlich das, was meine Eltern Pubertät nennen. Ich habe zum Beispiel kein Problem damit, mit Mädchen platonisch befreundet zu sein.

Hast du eine Art Lebensphilosophie?

Na klar. Schließlich hatte ich genug Zeit, mir Gedanken zu machen. Also, ich lebe nicht für die Zukunft, sondern in diesem Moment. Heute ist alles, was zählt. Was die Zukunft mir bringt, nehme ich an, wie es kommt. Es macht keinen Sinn, sie ändern oder beeinflussen zu wollen. Ich will definitiv nicht leben um des Lebens willen, sondern um meiner selbst willen.

Du bist ja ein richtiger Philosoph. Wie geht es dir heute?

Ich bin definitiv übern Berg, einmal jährlich muss ich aber noch ins Krankenaus zum Durchchecken. Ich gehe in die achte Klasse am Gymnasium und spiele im Verein Schach. Die Leidenschaft hat während der Krankheit begonnen. Mein bester Freund Eric hat mich oft besucht und wir haben miteinander Schach gespielt. Herumtoben konnte ich ja nicht. Eric hat auch immer angerufen und sich gekümmert. Unsere Mütter lagen schon bei unserer Geburt zusammen in einem Zimmer auf der Geburtsstation.

Was magst du an Schach?

Dass man lange überlegen muss und viel Ruhe hat. Und ich mag sehr gern Logik. Mathe und Informatik sind meine

Lieblingsfächer, für beide bin ich sogar in der Begabtenförderung. Später würde ich gern etwas mit Programmieren machen. Lustigerweise kommt meine Mutter immer zu mir, wenn sie eine Frage zu ihrem Computer oder ihrem Handy hat – und nicht zu meinem Vater.

Hast du noch andere Hobbys?

Vor der Leukämie war ich im Judo und spielte Geige. Irgendwie fehlte mir für beides das Interesse, um weiterzumachen. Heute bin ich wahnsinnig gern draußen. Zum Beispiel im Wald. Da baue ich eine Basis, eine kleine Hütte und Fallen. Ich bin schon ein kleiner Freak und interessiere mich für Waffen jeglicher Art. Mit meinem Kumpel unterhalte ich mich darüber, wie es wäre, wenn es eine Zombieapokalypse gäbe.

Hast du Träume und Ziele für dein Leben?

Ich möchte auf jeden Fall eine Familie gründen und die dann auch versorgen können. Das klingt vielleicht ein bisschen merkwürdig, weil ich ja erst 14 bin. Aber die Leukämie hat mich tatsächlich reifer gemacht. Im Kopf bin ich schon erwachsen. Solche Ziele werden meine Klassenkameraden in zehn oder zwanzig Jahren haben – ich weiß eben jetzt schon, was ich will. Mir ist es auch wichtig, mehrere Kinder zu haben. Denn als Einzelkind musst du dir immer ein Treffen organisieren, wenn du mit Gleichaltrigen reden möchtest.

Was würdest du anderen Jugendlichen, die erkrankt sind, mit auf den Weg geben?

Es klingt banal, aber man darf die Freude am Leben nicht verlieren – egal, wie sehr man gerade leidet. Man muss sich bewusst schöne Momente erschaffen und trotz allem viel lachen. So habe ich es geschafft, nicht gaga zu werden. Und natürlich immer den Kontakt zu den Freunden halten und nicht einfach nur rumliegen und warten, bis jemand von sich aus vorbeikommt. Manchmal sollte man einfach sagen, dass man es prima fände, wenn jemand seinen Samstag bei einem im Krankenhaus verbringt.

Hast du durch die Krankheit gelernt, wie wichtig Freunde sind?

Absolut! Zum Glück hatte ich Freunde, die immer für mich da waren und die nicht müde wurden, mich zu besuchen. Man ist ja gerade bei der Leukämie ziemlich isoliert, weil man nichts unternehmen darf. Wenn man dann auch noch den Kontakt zu Freunden verliert, fühlt man sich schnell total einsam und verlassen. Manche meiner Freunde kamen mit all dem aber auch nicht klar. Sie sagten, dass sie Angst hätten, sofort loszuheulen, wenn sie bei mir wären und mich mit meiner Glatze sähen. So haben sie mir durch die Blume die Freundschaft gekündigt. Andere waren innerhalb von zehn Minuten da, wenn ich sie gebraucht habe. So kommt man an einen Punkt, an dem man manche einfach ziehen lässt und sich über die freut, die bleiben.

Es gibt ein Stück Leben, das du vor dir hast

Eine schwere Krankheit besiegen – und noch einmal von vorne anfangen. Das ist der Wunsch aller, die mit einer endgültigen Diagnose leben müssen. Zunächst einmal ist da vor allem anderen die Hoffnung. Und die Bereitschaft zu kämpfen. Der Krankheit die Stirn zu bieten. Doch was, wenn die Ärzte keine Chance mehr sehen? Wenn alle Therapien versagt haben? Dann muss man einsehen, dass alle Schlachten geschlagen sind. Dass all die Stärke und die guten Gedanken nicht helfen konnten. Vielleicht ist das der schwerste Moment überhaupt: zu akzeptieren, dass das, was jetzt kommt, nur noch die Vorbereitung aufs Sterben ist – eine Art Epilog. Dass man das Leben nie wieder unbeschwert umarmen wird.

Oder doch? Was, wenn man die Zeit, die einem noch bleibt, voll auskostet? Jede Minute genießt? Und die Dinge erlebt, die man sich schon immer vorgenommen hatte? So wie Luise, die 2012 an Krebs erkrankt war. Erst sah es so aus, als hätte die Therapie angeschlagen und alles wäre überstanden. Doch die Metastasen kamen zurück und schnell war klar, dass Luise den Kampf um ihr Leben über kurz oder lang verlieren würde. Für sie kein Grund, sich zurückzuziehen oder sich aufzugeben. Luise versammelte immer wieder viele Freunde um sich, gründete eine Facebook-Seite, der zuletzt über 8700 Leute folgten. Sie schrieb: »Auch ohne Haare ist man schön, auch mit Krebs kann man noch ein Bier trinken, das Leben hört NICHT auf!« Während dieses Buch entstand, starb Luise – mit 26 Jahren. Ich hatte in den Wochen zuvor noch mit ihr geschrieben, weil ich sie gern interviewt hätte. Dazu kam es aber nicht mehr. Trotzdem, Luise ist das beste Beispiel dafür, dass man sich von einer Krankheit nicht die Persönlichkeit, nicht die Freude nehmen lassen muss. Sondern dass man auch mal rotzfrech sein darf. Nicht immer nur betroffen und niedergeschlagen.

KAPITEL 14

»Vielleicht einfach nur in den Arm nehmen.«

Gespräch mit Ute Nerge, Hospizleiterin Sternenbrücke

Ute Nerge ist Leiterin des Kinder- und Jugendhospizes Sternenbrücke in Hamburg. Nicht nur Kinder, auch junge Erwachsene buchen sich im Hospiz ein – nicht immer unbedingt zum Sterben. Manche brauchen schlichtweg mal einen Tapetenwechsel oder wollen ihre Angehörigen entlasten. Ute Nerge hat viele junge Menschen kennengelernt. Sie weiß, wie wichtig es für sie ist, die letzte Zeit aktiv und bewusst zu gestalten. Oft hilft sie ihren Gästen auch, ihre letzten Wünsche zu formulieren – und im Rahmen der körperlichen Möglichkeiten zu erfüllen. Manchmal fragt sie freiheraus, was auf ihrer Lebens-To-Do-Liste (mehr dazu ab Seite 150) ganz oben steht. Und überlegt dann, wie sich diese Wünsche umsetzen lassen. Ihre Botschaft: Jeder Tag ist kostbar. Füllen wir ihn mit dem, was unser Herz laut pochen lässt. Denn im Hospiz wird nicht nur gestorben. Nein, mithilfe von Palliativmedizinern wird weitestgehend schmerzfrei gelebt.

Frau Nerge, Sie ermutigen die Jugendlichen in Ihrem Hospiz, sich Wünsche zu erfüllen. Welche Wünsche haben Ihre Gäste?

Ganz unterschiedliche – einige davon können wir in die Tat umsetzen. Ich war schon auf Rockkonzerten und in Achterbahnen. Ein 18-Jähriger sagte mir einmal, wie traurig er darüber sei, dass er niemals verliebt sein würde. Eine Freundin hätte er noch nie gehabt und eine Disko hätte er auch noch nie von innen gesehen. Ich fragte ihn, weshalb er das alles nicht erlebt hat. »Hallo?! Ich sitze im Rollstuhl«, antwortete er.

Ich finde es sehr schade, wenn sich Menschen wegen körperlicher Probleme das Leben nicht mehr zutrauen. Sie müssen viel mehr Zuspruch von außen bekommen. Also organisierte ich für den jungen Mann einen Diskobesuch. »Nase hoch«, sagte ich vorher zu ihm. »Es gibt noch ein Stück Leben, das du vor dir hast. Und das füllen wir jetzt mit ganz viel Spaß.« Zwei unserer jungen Pfleger begleiteten ihn und trugen ihn in seinem Rollstuhl die Treppen hinunter in die Disko. Er schaute sich um, beobachtete eine Weile. Dann rollte er auf die Tanzfläche und begann, sich in seinem Rollstuhl zu bewegen. Ein Mädchen kam auf ihn zu und sprach ihn an. Sie fand es toll, dass er trotz seines Handicaps so selbstbewusst Freude an der Musik hatte – und tanzte mit ihm. Am nächsten Tag erzählte er seinen Freunden, dass er vom mit Abstand hübschesten Mädchen des ganzen Clubs angesprochen worden war. Zwischen den beiden entwickelte sich eine wunderbare Freundschaft. Sie kam oft abends bei uns im Hospiz vorbei, die zwei saßen zusammen und redeten. Seine Freunde waren richtig neidisch auf ihn. Das Mädchen war bis zu seinem Lebensende immer wieder bei ihm. Als er starb, sagte sie zu mir: »So einen wunderbaren Gesprächspartner wie ihn hatte ich noch nie. Er hat mir für mein Leben ganz viel mitgegeben. Ich werde ihn sehr vermissen.«

Würden Sie sagen, dass sich Ihre Gäste nicht nur Besuch von Familienangehörigen und engen Freunden wünschen?

Ja. Jugendliche wollen nicht immer über ihre Krankheit sprechen. Die Menschen, die von außen kommen, bringen andere Geschichten mit. Das normale Leben. Was ist gerade so los in der Stadt, in der Schule? Das ist doch viel schöner, als permanent über zerbrochene Hoffnungen sprechen zu müssen – und vielleicht sogar nur bemitleidet zu werden. Für unsere Gäste ist die Erfahrung sehr schmerzhaft, wenn sich Bekannte und auch Schulkameraden zurückziehen. Dabei sollen Freunde genau dann da sein, wenn es schwierig wird. Wenn ein Teenager die Kraft und den Mut hat, den Weg mitzugehen, sage ich am Ende zu ihm: »Ich habe den größten Respekt vor dir, du warst bis zuletzt wirklich ein Freund. Nimm das mit in dein Leben, sei stolz auf dich. Du hast deinen Freund nicht alleingelassen.«

Mit den eigenen Eltern ist so ein unbeschwerter Umgang wahrscheinlich eher schwierig.

Viele Jugendliche haben eine konkrete Sorge um ihre Eltern. Sie sehen, wie schlecht es ihnen geht – auch wenn viele sich größte Mühe geben, nicht vor ihrem Kind zu weinen. Einige unserer Gäste haben sogar ein schlechtes Gewissen, weil sie meinen, ihre Krankheit sei ja schuld daran, dass Mama und Papa so leiden. Für junge Erwachsene und auch für Kinder ist es eine sehr schwere Situation.

Sie möchten ihren Weg gehen, können aber nicht loslassen, weil sie Angst haben, ihre Familienangehörigen und Freunde zurückzulassen. Sie fragen sich: Was passiert, wenn ich nicht mehr hier bin? Werden Mama und Papa daran kaputtgehen? Viele junge Gäste können sich nicht mehr äußern. Wir spüren, dass sie sterben möchten – sie aber noch etwas hält. Wir versuchen dann, Freunde der Familie zu mobilisieren und laden sie ins Hospiz ein. Wir zeigen den Jugendlichen, dass die Eltern und Geschwister liebe Menschen um sich haben, die sich kümmern werden. Die für sie da sind. Ich erzähle, dass Mama und Papa jederzeit in unserem Trauercafé willkommen sind, um sich mit anderen Eltern auszutauschen. Dass wir gut auf sie aufpassen und immer für sie da sind. Bei einem kleinen Mädchen waren die Eltern geschieden. Der Vater saß am Bett und sagte: »Mach dir keine

Sorgen, ich werde auf Mutti aufpassen.« Zwei Tage später starb das Mädchen – friedlich. Das war wohl das, was sie noch hören musste. Sie brauchte Klarheit, dass es nach ihrem Tod weitergehen würde für die Menschen, die sie am meisten liebt.

Gibt es einen richtigen Weg, wie man mit trauernden Eltern umgehen sollte?

Ich erfahre immer wieder, dass sich ganze Freundeskreise zurückziehen, wenn eine Familie mit Krankheit und Tod konfrontiert wird. Die Familie gerät in eine Isolation. Dabei ist es gar nicht so schwer, sich angemessen zu verhalten. Ich rate, genau das zu sagen, was man fühlt: »Ich bin sprachlos und traurig. Sag mir, wie ich dir helfen kann.« Das ist nie verkehrt, weil es die Wahrheit ist. Wenn die Worte fehlen – trotzdem da sein, Präsenz zeigen. Vielleicht einfach nur in den Arm nehmen. Das ist schon eine Hilfe für die Familien. Sich nicht mehr zu melden oder sich Schritt für Schritt zu entfernen, ist nicht der richtige Weg. So werden die Familien doppelt belastet. Also unbedingt im Austausch bleiben und das normale Leben weiterhin zu ihnen bringen. Denn niemand möchte in der schwersten Zeit ausgegrenzt und isoliert sein. Genau dafür gibt es ja auch die Sternenbrücke: Der Austausch ist gerade dann so wichtig, wenn das Leben aus den Fugen gerät. Auch das Miteinander-Schweigen ist eine Form der Gemeinsamkeit.

Wie gehen schwer kranke Jugendliche eigentlich mit dem Thema Tod und Krankheit um?

Meiner Erfahrung nach sind sie viel reifer als andere in ihrem Alter. Und auch ernsthafter und nachdenklicher. Ich habe schon wunderbare Gespräche über das Leben mit unseren Gästen geführt. Sie fragen sich: Weshalb bin ich überhaupt auf die Erde gekommen, wenn ich jetzt schon wieder gehen muss? Worin liegt da der Sinn? Häufig spüre ich auch Wut und Zorn. Wer zu uns kommt, weiß, dass er nie wieder gesund wird und vielleicht das letzte Stück auf seinem Lebensweg bei uns geht. Wir sprechen offen darüber, wenn es gewünscht ist. Ich frage auch: »Worüber bist du sauer? Worüber denkst du nach? Gibt es etwas, was dich sorgt oder quält? Welche Dinge wollen wir gemeinsam noch angehen?«

Haben Sie auch junge Erwachsene kennengelernt, die richtig verzweifelt waren?

In der Sternenbrücke war eine junge Frau, die sich viele Gedanken über das Sterben machte. Sie sagte: »Ute, ich werde gar keine Spuren im Leben hinterlassen. Wofür war ich da? Ich war immer dick und nicht hübsch, hatte kaum Freunde. Meine Mutter war meine einzige Vertraute.« Ich fragte mich, wie das Mädchen in Frieden gehen könnte. Einige Zeit später sprachen wir wieder. Sie erzählte mir tief berührt von einer Nahtoderfahrung, die sie nachts bei uns gehabt hatte. Sie bat mich darum, bei ihr zu sitzen und alles aufzuschreiben. Sie schilderte, was sie erlebt hatte. Und diktierte zum Schluss: »Habt keine Angst um eure Kinder, sie werden es gut haben, dort wo sie hingehen. Es ist dort wunderschön. Alle lachen, springen auf einem weichen, warmen Boden barfuß herum und sind glücklich.« Sie sagte, dass sie nun wisse, wie sie Spuren hinterlassen könne, was der Grund ihres Lebens hier auf der Erde sei: Indem ich diese Geschichte für die Eltern kranker Kinder festhalte und ihnen die Angst nehme vor dem, was kommt. Seit vier Jahren lese und erzähle ich ihre Worte den Eltern, um ihnen Trost zu spenden. Es ist ein kleiner Auftrag für mich geworden, den ich von Herzen gern erfülle, und so manches Mal hilft der Gedanke, dass es so sein könnte.

Schreiben die Teenager eigentlich eine Art Testament?

Immer wieder ist es einmal ein Thema, wer das iPad oder das Fahrrad bekommt. Die jungen Erwachsenen fragen sich: Was geschieht mit all den Dingen, die ich habe? Manche Gäste schreiben genau auf, wer was bekommen soll. Das hilft ihnen, alles selbst zu entscheiden und zu regeln. Wir führen mit ihnen aber auch Nachlassgespräche, wenn sie es wünschen.

Welche Ängste haben junge Menschen vor dem Tod?

Gerade Kinder quält ab und zu die Angst, lebendig begraben zu werden. Auch Themen wie dieses sollen unbedingt Raum bei uns bekommen. Ein Mädchen namens Jenny fragte: »Was ist, wenn ihr nur glaubt, ich sei verstorben? Tiere stellen sich schließlich auch tot und sind es gar nicht und keiner bemerkt es. Dann liege ich in meinem Sarg und keiner hört mich.« – »Ich verstehe deine Angst und werde versuchen, eine gute Lösung zu finden«, sagte ich. Dann kam mir eine Idee. Ich fuhr in eine Zoohandlung und kaufte eine Wellensittichglocke. »Ich befestige dir diese Klingel mit einem Faden an deinem Finger und lasse ein Loch in den Sarg bohren. Dann kannst du läuten und wir hören dich.« Jenny lächelte mich an. Sie fand meine Idee prima – und konnte ohne diese Sorge von uns gehen.

Ein junger Mann wiederum wollte unbedingt eingeäschert werden. Ihm gefiel die Vorstellung nicht, von »Würmern aufgefressen« zu werden. Seine Mutter wünschte sich aber eine normale Erdbestattung. Hier mussten wir vermitteln, damit diese Meinungsverschiedenheit gelöst werden konnte. Also fuhren wir gemeinsam zum Bestatter. Er erklärte uns, dass das mit den Würmern eine alte Mär sei und dass es so tief in der Erde gar keine gäbe. Wir fuhren weiter auf den Friedhof, damit sich der junge Mann ein Bild von seiner letzten Ruhestätte machen konnte. Später war er mit einer Erdbestattung einverstanden, weil alle seine Fragen beantwortet waren. Seine Mutter konnte mit ihm in Ruhe seinen letzten Weg gehen und in ihrer beider Sinn handeln.

Was ist Ihnen im Umgang mit den jungen Erwachsenen im Hospiz besonders wichtig?

Wir fragen uns immer wieder: Wird die Würde des jungen Erwachsenen gewahrt? Ist es richtig, dass ein 18-Jähriger noch immer von seiner Mutter oder gar seiner Schwester gewaschen wird? Wir wissen, dass es einigen Erkrankten unangenehm ist, und doch trauen sie sich nicht, darüber zu sprechen, weil sie ihre Eltern nicht verletzen wollen. Sie sind als Pflegebedürftige ja auf diese Hilfe angewiesen. Hier regen wir an, dass die Pflege in professionelle Hände, zum Beispiel einem Pflegedienst, übertragen wird.

Jugendliche brauchen Freiräume – ihre Privatsphäre –, auch wenn sie körperlich eingeschränkt sind. Nur weil Menschen pflegebedürftig sind, sollten wir sie nicht wie Kleinkinder behandeln. Oft ist das ein schwieriger Spagat, gerade für die Angehörigen. Da ist es hilfreich, wenn wir als neutrale Personen von außen Anregungen geben können. Übrigens sollte man nicht vergessen, dass auch Schwerkranke sexuelle Bedürfnisse oder vielleicht Gedanken daran haben. Wir wollen auch das nicht vergessen – und Raum dafür geben.

Wie sieht das ganz konkret aus?

In unseren Zimmern gibt es eine Videoüberwachung. Die jungen Erwachsenen entscheiden, ob sie diese zur Sicherheit eingeschaltet haben möchten oder nicht, weil sie beispielsweise für sich allein einen Film ansehen möchten. Da wollen wir ganz bewusst Privatsphäre lassen. Wir haben eine Terrasse extra für die jungen Erwachsenen – jeder für sich. Wir können sie mit Bett hinausschieben, damit sie die Sonne und den Wind spüren. Hier sind sie unter sich, können ihre Themen besprechen. Wir gehen zu Konzerten oder ins Kino. Wer gern ein Bier trinken möchte, es aber allein nicht halten kann, dem helfen wir. Und wer mit seiner Freundin oder seinem Freund eine Nacht verbringen möchte, muss das nur kurz besprechen – auch das machen wir möglich. Bei uns wird nicht nur gestorben. Sondern vielmehr gelebt.

Wie unterscheidet sich das Hospiz von einer Klinik?

Zum Beispiel wird bei uns niemand morgens um sieben geweckt. Wer will, schläft aus. Jeder kann sein Leben so leben, wie er will. Ich bin für alle Ute und nie Frau Nerge. Es ist ein freundschaftliches, unterstützendes Miteinander. Krankenhäuser haben ja das Ziel, dass Menschen genesen. Wer unheilbar krank ist, benötigt gezielte, palliative Unterstützung und viel Zeit. Das ist dort kaum möglich. Es sei denn auf einer Palliativstation. Im hektischen Stationsalltag ist für so eine intensive Betreuung keine Zeit vorhanden. Das ist bei uns anders. Wir haben die Zeit und den Mut, offen Themen anzusprechen. Was wir an Kenntnissen haben, wollen wir auch mit unseren Gästen teilen. Wir begegnen einander auf Augenhöhe und entscheiden gemeinsam. Die Jugendlichen möchten mitentscheiden und das sollen sie auch – es ist ihr Leben. Wenn einer konkreter wissen möchte, wie ein Sterbeprozess abläuft, ob er Schmerzen oder Luftnot haben wird, klären wir ihn in Ruhe auf. Zum Glück haben wir immer die Möglichkeit, einen Schmerzmediziner und unsere Ärzte zu konsultieren, die täglich im Haus sind.

Können sich Schwerkranke entscheiden, ob sie im Krankenhaus oder im Hospiz sterben wollen?

Ja, das kann jeder individuell für sich festlegen. Zu uns in die Sternenbrücke muss man aber nicht unbedingt in den letzten Lebenswochen kommen. Auch vorher ist man beispielsweise für eine Woche herzlich willkommen. Eine Anmeldung, ein Telefonat ist aber vorher notwendig. Einige junge Menschen wollen einmal ein paar Tage ohne Mama und Papa verbringen. Immer nur zu Hause zu sein, kann auf die Dauer bedrücken. Zu uns darf man Freunde mitbringen. Alles, was Kraft gibt und Freude schenkt, ist unser Ziel und darf sein. Und das möglichst schmerzfrei. Ich kann allen jungen Menschen mit schweren Erkrankungen nur empfehlen, den Mut zu haben, Wünsche zu äußern. Fordert euer Umfeld! Sagt, was ihr möchtet und was nicht. Und probiert aus, ob ihr euch in einem Kinder- und Jugendhospiz wohlfühlt. Hier herrscht eine junge und herzliche Atmosphäre, Freundschaften können entstehen. Nutzt diese Chance. Am 1. Mai ist bei uns von 12 bis 18 Uhr übrigens immer Tag der offenen Tür – jedes Jahr. Eine gute Gelegenheit, sich die Sternenbrücke einmal anzusehen und hineinzuspüren.

Können Sie uns zum Abschluss noch etwas mit auf den Weg geben?

Eine Begegnung ist mir besonders in Erinnerung geblieben. Ich unterhielt mich mit einem kleinen Mädchen, sie war damals etwa fünf Jahre alt. Sie fragte mich: »Du, Ute, wieso sagt ihr eigentlich immer ›Lieber Gott‹? Er kann doch gar nicht lieb sein, wenn er meinen Bruder sterben lässt.« Ich war erstaunt, denn ihr Gedanke war berechtigt, und ich wusste erst einmal nicht, was ich ihr antworten soll. Ich sagte, dass das eine sehr gute Frage sei und dass ich ein bisschen darüber nachdenken müsse und bot an, dass wir uns wieder treffen wollten, um darüber zu sprechen. Am nächsten Morgen kam sie wieder zu mir und erklärte: »Ich weiß es jetzt, Ute. Der liebe Gott ist ja ein Mann. Um Kinder zu kriegen, braucht er ja eine Frau – die hat er aber nicht. Darum holt er sich besonders liebe Kinder von der Erde, setzt sie neben sich und hat sie lieb, wie seine eigenen. So wie meinen Bruder – und deshalb ist es ein lieber Gott.«

Ute Nerge

Die Kinderkrankenschwester und jetzige Hospizleitung gründete 1999 den Förderverein zum Aufbau des Kinder- und Jugendhospizes Sternenbrücke. Mithilfe vieler Spendengelder wurde es im

Mai 2003 eröffnet. Ute Nerge und ihr Team begleiten Kinder und junge Erwachsene (bis zum 27. Lebensjahr) bis zum Ende ihres Weges. Bisher sind über 151 Kinder und junge Erwachsene im Hospiz verstorben und es wurden über vierhundert Familien zur Pflegeentlastung mit ihren Angehörigen aufgenommen und betreut.

KAPITEL 15

»Loslassen? Kann ich!«

Daniel, 19, bösartiger Knochentumor

Wenn ich eines gelernt habe vom Krebs, dann loszulassen. Ich meine das wortwörtlich. Ich habe mich bewusst dafür entschieden, mein Bein amputieren zu lassen. Ich hätte auch darum kämpfen können, es zu behalten. Aber was, wenn der Knochentumor weiter gestreut hätte? Wenn er meine Lunge und andere Organe angegriffen hätte, eines nach dem anderen? Ehrlich, diese Vorstellung fühlte sich einfach nur ekelhaft an. Grausam. Man weiß und spürt, dass da ein widerlicher Fremdkörper im eigenen Körper sitzt, der sich Tag für Tag ausbreitet. Der einen von innen zerstört. Da wollte ich nicht länger zusehen. Also sagte ich den Ärzten, dass ich mit einer Amputation einverstanden sei. Sie war eigentlich meine zweite Option. Die erste wäre gewesen, mir ein künstliches Kniegelenk einbauen zu lassen und den Tumor weiter mit Chemo und Bestrahlung zu bekämpfen. Mein Vater sagte im Nachhinein, dass er an meiner Stelle risikofreudiger gewesen wäre, dass er um das Bein länger gekämpft hätte. Ich kann seine Sicht verstehen. Ich wollte aber hundertprozentig sicher sein, dass ich leben werde. Gern auch ohne Bein. Aber dafür ganz sicher leben.

Ich weiß noch, wie sie alle um mein Bett herumstanden, in der Uniklinik Heidelberg. Die Ärzte und ihre Assistenten in ihren weißen Kitteln. Betroffen schauten sie auf mich herunter – nicht herab. Wie sagt man einem 17-Jährigen, dass er jetzt eine so existenzielle Entscheidung treffen muss? Ehrlich, ich wollte nicht in deren Haut stecken. Meine Eltern waren auch dabei. Mama hatte Tränen in den Augen, fing an zu weinen. Papa blieb stark, wie eigentlich immer. Ich war mir sofort sicher, dass ich das Bein und damit den Tumor los sein will. Für immer.

Ich kann ganz schwer mit Unsicherheit umgehen. Hätte man mir das Bein gelassen, hätte immer die Möglichkeit bestanden, dass der Krebs zurückkommt. Wie soll man so sein Leben genießen? Wenn man ständig die Befürchtung hat, dass die Scheißmetastasen einem wieder einen Strich durch die Rechnung machen? Und um die Wahrheit zu sagen: Wer einmal eine Chemo hatte, würde Himmel und Hölle in Bewegung setzen, um das nie wieder durchmachen zu müssen.

Zu Hause setzten wir uns also an den Küchentisch. Mama, Papa und ich. Es hätte eine lange Diskussion werden können. Ein ewiges Abwägen. Was, wenn es so läuft? Oder aber ganz anders? Ich machte gleich klar, dass nur ein Argument zählt: unbedingt leben. Die Stimme in mir, die das Bein loslassen wollte, wurde immer lauter. Und das, obwohl ich Fußballspielen liebe. Obwohl ich mich total gern bewege. Aber ich wollte nichts mehr als Gewissheit. Dass ich ein Leben vor mir habe. Ohne Angst. Loslassen – seit meiner Amputation kann ich das. Denn das Leben ist zu kurz, um sich mit Dingen aufzuhalten, die einem nicht guttun. Die einen runterziehen. Oder die einen vielleicht sogar zerstören, von innen. Wie in meinem Fall.

Alles begann mit einer Schwellung am linken Knie. Harmlose Sache, dachte ich. Beim Fußballspielen hatte ich mir schon zweimal den Arm gebrochen. Ich bin also nicht gerade zimperlich. Die Schwellung schmerzte auch nur, wenn ich mich draufkniete. Ansonsten war ich ohne Beschwerden. Aber als die Stelle immer größer wurde – irgendwann war sie dicker als mein Knie –, meinten meine Freunde, dass ich zum Arzt gehen solle. Ich habe mich lange davor gedrückt. Manche sagen: typisch Mann! Aber wer lässt sich schon gern untersuchen? Der Hausarzt schickte mich sofort zum Orthopäden. Im Nachhinein sagte er mir, dass er ihn gleich vermutet hatte, den bösartigen Tumor, er mich aber nicht verunsichern wollte. Der Orthopäde wiederum rief gleich nach der Untersuchung im Krankenhaus an. Die sollten eine Gewebeprobe entnehmen. Da dachte ich noch: alles easy. Keine große Sache. Nur der Kälteschmerz im Bein verunsicherte mich. Er kam jetzt immer, wenn ich mich setzte.

Orthopädie. Dort behielten sie mich. Um Gewebe zu entnehmen, mussten sie mich in einer Operation aufschneiden. Zwei Tage hat es gedauert, bis die Ergebnisse da waren. Warten auf Diagnosen ist so ziemlich das Allerletzte. Wie gesagt, mit Ungewissheit komme ich nicht so gut klar. Osteosarkom, ein bösartiger Knochentumor. Dann wurde nicht lange gefackelt. Die Ärzte erklärten mir, was eine Chemotherapie ist. Und dass ich nach Heidelberg verlegt werden müsse. Denn da ist die Klinik viel größer und kann Patienten wie mir besser helfen.

Im Dezember 2012 dann mein erster Chemo-Block. Schnell wurde klar, dass der Tumor ein recht aggressiver Zeitgenosse ist. Und dann kam das alles entscheidende Gespräch, bei dem mir gesagt wurde, dass Chemo allein vielleicht nicht helfen wird. In einer Uniklinik ist immer eine ganze Armada an Ärzten bei der Visite am Start. Der Chefarzt bringt seinen kompletten Hofstaat mit, um dir zu erzählen, dass du dein Bein verlieren wirst. In dem Moment passierte alles auf einmal. Es schnürte mir die Kehle zu. Ich hatte das Gefühl, keine Luft mehr zu kriegen. Gleichzeitig wurde mir übel. Ich sah in diese vielen leeren Augen. Die haben bestimmt nicht alle Medizin studiert, um einem jungen Typen wie mir zu sagen, dass er bald nur noch auf einem Bein durchs Leben stolpert. Oh Gott, dachte ich. Einfach nur wegrennen. Irgendwohin. Kurioserweise war ich einen Moment später ganz klar. Als würde die Gewissheit in mir ruhen, dass ich ohne mein linkes Bein wunderbar funktionieren könnte. Als ob ich es nie gebraucht hätte. Noch einmal wurde meinen Eltern und mir ganz in Ruhe erklärt, dass sich der Tumor über zwei Drittel des Wadenbeins ausgebreitet hatte. Er umschloss Muskel- und Nervenstränge. Es fühlte sich an, als hätte er bei seinem Siegeszug gewonnen. Mein linkes Bein war besetzt von ihm. Aber mich würde er nicht kriegen. Die Uniklinik Heidelberg würde nicht meine Endstation sein, ganz sicher nicht.

Am meisten Sorgen machte ich mir in all der Zeit um meine Mutter. Wahrscheinlich ist es noch beschissener, einen geliebten Menschen leiden zu sehen, als selbst zu leiden. Also machte ich oft einen auf gute Laune. Aber insgeheim fragte ich mich, wie es meine Ma verkraften würde. Ich bin schließlich ihr einziges Kind – und sie machte meine Krankheit vom ersten bis zum letzten Tag mit, schlief in Heidelberg in einem der Elternappartements. Wie mein Vater das mental alles packte, frage ich mich bis heute. Er ging normal weiterarbeiten und es schien so, als steckte er die Sorgen gut weg. Ich glaube, ich muss ihn irgendwann noch mal fragen, wie es ihm eigentlich ging.

Am 19. Februar war meine große Operation angesetzt. Vorher hieß es also Abschied nehmen. Von dem Bein, das mich 17 Jahre durchs Leben getragen hatte. Da geht einem schon wirres Zeug durch den Kopf. Ich hatte vor allem: richtig Schiss. Die Schwestern gaben mir Beruhigungstropfen, die aber nicht wirkten. Ich bekam die Nacht davor kaum ein Auge zu, schaute immer wieder nach links unten. Da war es noch. In 12 Stunden wird es weg sein. Werde ich meine Entscheidung bereuen? Auf einmal fühlt man sich ganz allein mit dieser Angst vor dem nächsten Morgen. Um sieben Uhr musste ich im OP sein. Um sechs schaute ich noch mal auf mein Handy und las alle Nachrichten. Viele Freunde hatten mir geschrieben, um mir Glück zu wünschen. Ich war nicht mal mehr in der Lage zu antworten. Vielleicht kam auch gar nicht bei mir an, was da stand.

Zwei Stunden brauchten die Chirurgen, um mein Bein zu amputieren und den Stumpf zuzunähen. Mein Knie konnte ich leider nicht behalten. Ganz kurz darüber wurde angesetzt. Als ich aus der Narkose aufwachte, war ich glücklich wie nie zuvor in meinem Leben. Da war einfach nur eine riesengroße Erleichterung. Als würde ich schweben. Es war überstanden. Ich werde gesund sein. Ich war so gut drauf, dass ich zu meiner Ma sagte: »An Fasching gehe ich als Pirat. Passt ja, mit einem Bein.« Wirklich, ich kann nicht beschreiben, wie unglaublich gut ich mich fühlte. Traurig? Ganz im Gegenteil. Ich glaube, es gibt im Leben nichts Besseres, als wenn eine Ungewissheit weg ist. Und wenn man es geschafft hat, loszulassen. Als die Schmerzmittel nachließen, war es allerdings vorbei mit der großen Erleichterung. Es fühlte sich an, als würden dreißig Messer gleichzeitig in meine Wunde stechen. So etwas habe ich vorher noch nie gefühlt. Es war die Hölle. Zum Glück sind die Ärzte in solchen Fällen freigiebig mit Schmerzmitteln.

Abgesehen von den Schmerzen, die immer mal wiederkehrten, fühlte ich mich nach der Amputation topfit. Zwei Wochen musste ich noch auf der Orthopädie bleiben, bis die Wunde einigermaßen verheilt war. Am Wochenende durfte ich aber heim. Ich sah jetzt immer wieder auf mein kürzeres Bein und war irgendwie stolz auf mich. Ich hatte meine allererste richtige Entscheidung getroffen. Vielleicht war das der Moment, in dem ich erwachsen geworden bin. In der Zeit konnte ich auf Krücken die Welt erkunden. Also die Krankenhauswelt. Ein Rollstuhl wäre für mich nie und nimmer in Frage gekommen. Das wäre für mich ein Zeichen von Hilflosigkeit gewesen. Und ich wollte alles sein, aber auf gar keinen Fall hilflos. Also lief ich mit Krücken – egal, wie dreckig es mir an manchen Tagen auch ging.

Nachdem klar war, dass mein Stumpf tipptopp heilte, ging es zurück in die Kinderklinik. Der Krebs war zwar raus aus mir, trotzdem kamen noch ein paar Monate Chemo auf mich zu. Schließlich musste sichergestellt werden, dass keine Metastasen mehr übrig waren. Mein Körper sollte gewissermaßen ausgeräuchert werden. Ich habe mich so oft übergeben wie nie zuvor in meinem Leben. Ich kann allen nur raten, in der Zeit der Chemo niemals das zu essen, was man am liebsten mag. Denn danach kannst du es nicht mehr leiden. Bei mir sind es Schokomuffins. Wenn ich heute einen sehe, wird mir speiübel. Dabei habe ich sie vor dem Krebs über alles geliebt. Ehrlich, so eine Chemo ist im wahrsten Sinne zum Kotzen.

Es geht nie nur um einen selbst. Das habe ich gelernt. Klar, du musst für dich verarbeiten, was gerade passiert. Aber du musst auch verstehen, dass es anderen wegen dir schlecht geht. Jeder reagiert anders, wenn er erfährt, dass du krank bist. Manche können nicht damit umgehen. Andere überraschen einen, weil sie sich viel mehr kümmern und interessieren, als man erwartet hätte. Ich habe das Glück, dass sich niemand von mir abgewandt hat. Meine Freunde waren immer für mich da. Aber ich kenne auch Leute, bei denen es anders war. Wo sich enge Vertraute aus dem Staub gemacht haben, weil sie nicht klarkamen. Auf einer Krebsstation merkt man, wer die wahren Freunde sind. Andere machen solche Erfahrungen viel später im Leben. Ich bin jetzt 19 und weiß genau, auf wen ich zählen kann.

Auf meine Freundin Anica zum Beispiel. Wahrscheinlich hätte ich es sogar verstanden, wenn sie Schluss gemacht hätte. In unserem Alter will man mit seinem Freund ins Kino gehen oder auf Partys tanzen. Und nicht zuschauen, wie die Haare wegen der Chemo ausfallen. Anica aber blieb. Anica spielte Akkordeon und ging gern zum Karate-Unterricht. All das hat sie aufgegeben, um für mich da sein zu können. Ich weiß, dass ich ihr diese Zeit nicht zurückgeben kann, und manchmal habe ich heute das Gefühl, dass ich ihr etwas schuldig bin.

Vermutlich hatte ich den Tumor schon, als wir uns verliebten. Anica und ich, wir lernten uns über gemeinsame Freunde kennen. Als wir zusammenkamen, war sie 14 und ich 16. Der 16. Juli 2012 ist unser Tag. Als wir schon länger ein Paar waren, kam raus, dass wir beide vom ersten Moment an ineinander verknallt waren. Wir haben einen speziellen Humor, den wir verstehen. Ich würde sagen, dass wir voll auf einer Wellenlänge sind. Es wäre fürchterlich für mich gewesen, wenn sie mich verlassen hätte. Aber verstanden hätte ich es. Ich machte mir oft Sorgen um Anica. Wie würde sie es ertragen, wenn es mir immer schlechter gehen würde? Wenn ich den Tumor nicht überlebt hätte? Wir waren doch gerade frisch verliebt und dann kommt so etwas dazwischen. Ehrlich, da hilft es auch nicht zu wissen, dass der Tumor mehr oder weniger Zufall ist. Manchmal will man einfach nur jugendlich sein und nicht über den Tod nachdenken.

Am Tag meiner Amputation fiel Anica in der Schule in Ohnmacht. Sie hatte in der ganzen Zeit meiner Krankheit ein paar Nervenzusammenbrüche. Auch auf einer Party fiel sie für einige Minuten in Ohnmacht. Ich kann nicht beschreiben, was für ein schlechtes Gewissen ich da hatte. Schließlich ging es Anica so mies, weil sie Angst um mich hatte. Meine Freundin wird jetzt 16 und genießt es. Sie geht aus und liebt es zu tanzen. Ich habe aber gar nicht mehr das Bedürfnis, Party zu machen. Es ist einfach nicht mehr so wichtig wie früher. Diese ganze Feierei kommt mir ein bisschen oberflächlich vor. Da hänge ich lieber entspannt mit Freunden rum. Ein bisschen reden und vielleicht auf der Playstation zocken. Am liebsten mache ich aber gemütliche Filmabende mit meiner Freundin. Kino und shoppen gehen sind auch nicht übel.

Viele fragen mich, wie ich mit dem Laufen klarkomme. Fakt ist: Trage ich eine lange Hose, kriegt keiner mit, dass mir ein Unterschenkel fehlt. Heute bekommt man so geniale Prothesen – mit denen kann man gehen wie jeder andere auch. Ich habe sie auch in ein paar Sekunden angelegt. Und dann kann's losgehen. Ich habe noch Kontakt zu Patienten, die auch Knochentumore hatten. Viele entschieden sich gegen die Amputation.

Interessanterweise konnten diejenigen schneller wieder richtig laufen, die amputiert wurden. Es kommt mir so vor, als wäre so ein drastischer Schritt manchmal das Beste.

Es gibt nichts, was ich nicht probieren würde. Ich würde sagen, dass ich das Leben ganz anders wertschätze als vor dem Tumor. Man wird automatisch im Schnelldurchlauf erwachsen – obwohl man noch gar nicht so viel Verantwortung übernehmen will. Was sich noch verändert hat? Materielles wird einem total egal. Als ich während der Chemo an Weihnachten nach Hause durfte, hatten wir keinen Baum und keine Geschenke. Meine Eltern hatten im Vorfeld wohl keine Lust auf Weihnachten, also bereiteten sie nichts vor. Und es war ohnehin nicht klar gewesen, ob wir überhaupt zu Hause feiern würden – oder eben auf meiner Station. Mama besorgte dann im Krankenhausshop schnell noch ein Lavendelherz. Das bekam ich geschenkt. Ich hätte davor nie gedacht, dass ich mich über ein kleines Stoffherz so sehr freuen könnte. Heute weiß ich: Etwas Wertvolleres als Leute, die zu dir halten, gibt es im Leben nicht. Ich betrachte mich als einen riesengroßen Glückspilz, weil nicht nur meine Eltern und Anica immer an meiner Seite waren, sondern auch meine Kumpels. Von denen war sich keiner zu schade, seinen Sonntag bei mir im Krankenhaus zu verbringen.

Ich habe die Schule nie gemocht. Aber wenn man so lange im Krankenhaus liegt und vor lauter Übelkeit keinen klaren Gedanken mehr fassen kann, will man einfach nur zurück in den Unterricht. Ich habe mich nach nichts mehr gesehnt, als in der Pause mit meinen Freunden zusammenzustehen. Meinetwegen auch Hausaufgaben zu machen. Existenzielle Erfahrungen lehren uns, die alltäglichen Dinge zu schätzen. Zum Beispiel im Haushalt helfen. Fand ich immer so semi-cool. Als ich es dann aber nicht mehr konnte, hätte ich es wahnsinnig gern getan. Dieses Jahr mache ich meinen Realschulabschluss. Dann möchte ich eine Ausbildung zum Erzieher anfangen. Ich weiß, das ist nicht gerade das, was Jungs in der Regel anstreben. Aber ich habe ein Praktikum in einem Kindergarten gemacht. Der Spaß, den ich dort hatte, ist unbeschreiblich. Viele der Kids waren richtig verrückt nach mir, ein schönes Gefühl. Ich glaube, dass das ein Job ist, der Sinn macht. Materielles gibt mir nichts mehr. Also ist es mir auch ein bisschen egal, ob ich viel Geld in meinem Leben verdienen werde. Darum geht es schließlich nicht. Das erkennen viele wahrscheinlich erst am Ende ihres Lebens, wenn sie mit ihrem vollen Bankkonto allein auf ihrer Yacht sitzen.

Im Juli 2013, in der Woche vor den Sommerferien, hatte ich meinen letzten Chemo-Block. Danach ging das Lauftraining mit der Prothese los. Mitte der Sommerferien gab es mein Abschlussgespräch. In der Nacht davor konnte ich nicht schlafen, solche Sorgen machte ich mir. Was, wenn der Krebs wieder da war? Als der Arzt sagte, dass alle Metastasen weg seien und ich vollkommen gesund sei, fiel mir ein riesengroßer Stein vom Herzen. KEIN KREBS MEHR, schoss es mir durch den Kopf, immer wieder. So froh und glücklich war ich seit der Amputation nicht mehr. Mama, Papa und ich feierten ein kleines bisschen. Wir holten uns was vom Italiener und saßen zusammen. Wir konnten das Glück förmlich greifen. Ich ging danach vier Wochen in die Reha und konnte Anfang Oktober wieder die Schule besuchen. Trotzdem hatte ich lange noch Angst, dass der Krebs zurückkommen könnte, dass da noch etwas lauert in meinem Körper. Aber seit zwei Jahren weiß ich, dass ich gesund bin.

So ein bösartiger Tumor ist viel mehr Zufall, als man denkt. Viele vermuten ja, dass so eine Krankheit genetisch bedingt ist. Dabei ist es Zufall, wen es erwischt. Oder Pech. Je nachdem, wie man es sieht. Ich würde von Zufall sprechen. Heute kann ich es noch immer nicht realisieren, dass ich eine tödliche Krankheit überlebt habe. Das alles ist so surreal. Ich kann mir auch nicht mehr vorstellen, wie es ist, monatelang im Krankenhaus zu liegen. Es kommt mir vor, als wäre das eine andere Person gewesen.

Vielleicht verdrängt man so etwas automatisch, damit man nicht sein Leben lang depri ist. Ich bin in meinem neuen Leben voll angekommen. Und ich habe die wichtigste Entscheidung meines Lebens keinen Tag bereut.

KAPITEL 16

Keine Zeit verschwenden mit den falschen Plänen – besser eine Bucket List haben

Sie ist eine Art To-Do-Liste des Lebens: Was möchte ich vor meinem Tod unbedingt erleben? Welche Menschen treffen? Wohin reisen? Berühmt geworden ist die Bucket List durch den Film ›Das Beste kommt zum Schluss‹. Da lernen sich zwei Männer (Morgan Freeman und Jack Nicholson) im Krankenhaus kennen. Beide haben dieselbe Diagnose: Krebs, unheilbar. Sie beschließen, nicht weiterhin die Tage mit Kartenspielen auf der Station zu verbringen, sondern rauszugehen in die Welt – und sich noch ein paar Träume zu erfüllen. Zum Beispiel mit dem Fallschirm aus einem Flugzeug springen, an einer Safari in Afrika teilnehmen, die Pyramiden in Ägypten sehen und das schönste Mädchen der Welt küssen (das sich als die eigene Enkelin herausstellt).

Der Begriff kommt übrigens von der Redewendung »kick the bucket«, also »den Eimer treten«. Wir Deutschen sagen dazu »den Löffel abgeben«. Klar könnte man diese wichtigste aller Auflistungen auch Löffelliste nennen. Aber mal ehrlich – wie cool klingt das? Nicht sonderlich. Also bleiben wir bei Bucket List.

Mit jungen Menschen über ihre Lebensträume zu sprechen, ist eine Sache. Die eigene Bucket List zu erstellen, eine ganz andere. Ich habe es trotzdem gewagt. Die ersten Punkte sind schnell zusammengeschrieben. Danach musste ich ein bisschen tiefer in mich hineinspüren und kramen. Was will ich eigentlich in die Tat umsetzen? Welche Erlebnisse lassen mich auf dem Sterbebett lächelnd zum allerletzten Atemzug ansetzen? Hier meine sehr persönlichen Pläne:

KIRAS BUCKET LIST (April 2015)
- *Kinder haben – und ihnen Reiten, Lesen und Lachen beibringen*
- *Eine Hochzeitsrede halten (für mich oder jemand anderen)*
- *Einen alten Saab fahren*
- *Singen lernen*
- *Laura in New York besuchen*
- *Ein Buch schreiben*
- *Ein Tier retten*
- *Eine eigene Sauna haben*
- *Für jemanden ein Mentor sein*
- *Loslassen können, wenn es so weit ist*
- *Etwas Sinnvolles für die Gesellschaft tun*
- *Ferien in Skandinavien, Cornwall und Schottland*
- *Mama etwas Wunderschönes kaufen, worüber sie sich über alle Maßen freut*
- *Urlaub mit Papa in den Bergen machen*
- *Mehr Zeit investieren, um Freunde zu besuchen*

Wer diese Liste liest, hält den Beweis dafür in den Händen, dass ich den Punkt »Ein Buch schreiben« schon abhaken kann. Und auch »Loslassen können, wenn es so weit ist« (dazu mehr ab Seite 194). Vielleicht war ich in der Zwischenzeit sogar schon in New York oder habe angefangen, für einen Saab zu sparen. Was ich auf jeden Fall gelernt habe: Wer eine Bucket List schreibt, erfährt unter Umständen mehr über sich und seine Träume, als ihm lieb ist. Manchmal braucht man auch ein bisschen

Anregung von Leuten, die sich schon viele Gedanken gemacht haben. Deshalb bat ich alle Jugendlichen, die ich für dieses Buch interviewt habe, mir ein paar Punkte ihrer Bucket List zu verraten. Hier sind sie – als Inspiration und Anstoß für jeden, der noch keine eigene hat.

LAURA

- Mit meiner besten Freundin Urlaub in Miami machen
- Einen Porsche fahren
- Einen Mann, Kinder und ein eigenes Haus haben
- Eine kleine Weltreise unternehmen
- Mich mehr um mich selbst kümmern
- Viel Zeit mit meiner Familie verbringen

MAXI SOPHIE

- Kinder adoptieren (eigene kann ich keine bekommen)
- Einmal nach Heidelberg fahren (wo alles angefangen hat) und sagen, dass ich gesund bin – idealerweise, wenn ich über dreißig Jahre alt bin.
- Im Disneyland Spaß haben. Dafür ist man nie alt genug.
- Viel reisen, mit meiner besten Freundin und auch mal mit Mama
- Auf ein Festival gehen

CELINE

- Achterbahn fahren
- Nach New York reisen
- München besuchen
- In einem Buch vorkommen
- Ein Konzert besuchen
- In einer Kunstturnhalle mittrainieren können
- Auf einem großen Festival wie *Tomorrowland* mitfeiern

MELANIE

- Mal vor so richtig, richtig vielen Leuten singen
- Ein Buch mit Photoshop-Arbeiten veröffentlichen
- »Mama« gerufen zu werden
- Eine Weltreise machen

ANNA

- Ein Haus im Warmen mein Eigen nennen können
- Italienisch sprechen lernen
- Ein Vorbild für Menschen werden

KATHI

- Didgeridoo spielen von einem Aborigine in Australien lernen
- Die Polarlichter sehen
- Haare spenden
- Ein Hochzeitskleid nähen
- Den Mount Everest oder einen anderen Berg in der Größenordnung besteigen
- Menschen zum Weiterkämpfen inspirieren

ALEX

- Spuren hinterlassen, Vorbild sein, andere inspirieren
- Wenn du alt bist, sagen können: »Scheiße, waren wir geil drauf!«
- Nichts bereuen
- So viel von der Welt sehen, wie es geht
- Das volle Programm Leben

BENJAMIN
- Heiraten, Kinder kriegen und aufwachsen sehen (klar!)
- Alt werden
- Auf ein Konzert von den *Toten Hosen* gehen
- Zeppelin fliegen über dem Bodensee
- Tesla Model S selbst fahren
- Mehr Fotoshootings mit Stoma-Beutel
- Jemandem einen Herzenswunsch erfüllen
- Show der *Blue Man Group* besuchen
- Mit Luise Gleitschirm fliegen
- Gitarre lernen
- Ein Buch schreiben
- Ein eigenes Krebs-Projekt, was Bleibendes schaffen, was hinterlassen für andere junge Betroffene
- Einen Preis/eine Auszeichnung gewinnen (nicht wegen des Preises, sondern wegen des Gefühls, vor vielen Leuten auf der Bühne zu stehen)
- Schwerelos sein (Parabelflug)

MAXIMILIAN
- Viel Zeit mit meinen Freunden verbringen
- Studieren (Informatik oder so was)
- Eine Arbeit finden, die mir Spaß macht
- Eine Familie gründen
- Den Kontakt zu meinen Freunden nicht verlieren

ALEXANDRA

- Als Designerin selbstständig sein und von meiner Mode leben können
- So viele schöne Orte der Welt sehen, wie es nur geht
- Zeit mit tollen Menschen verbringen
- Mir von meinem Körper nie wieder einen Strich durch die Rechnung machen lassen
- Irgendwann mal im Süden am Meer leben, wo es frische Früchte gibt

JULIAN

- Eine Familie gründen
- Amerika und Asien bereisen – aber nicht nur für einen Urlaub, sondern als richtige Rundreise
- Einen sinnvollen Job haben
- In einem tollen Vorort leben
- Mit einem uralten Wohnmobil aus den Sechzigerjahren durch Deutschland, Italien, Kroatien und Frankreich fahren

DANIEL

- Meine Ausbildung zum Erzieher erfolgreich absolvieren
- Gesund bleiben
- Eine Familie gründen
- In die USA reisen

KAPITEL 17

»Sterben? Das kannst du jetzt echt nicht bringen!«

Kathi, 17, Leukämie

Irgendwann wurde ich fast verrückt. Ich konnte mir nicht mal mehr vorstellen, jemals so etwas wie einen Alltag gehabt zu haben. Ich fragte mich: Wie läuft ein normales Leben ab? So mit morgens zur Schule gehen, in der großen Pause mit Freunden quatschen, nachmittags Sport treiben. Sieben lange Monate lag ich auf der Isolierstation. Völlig allein in einem Einzelzimmer. Komplett abgeschirmt von allem und jedem. In den letzten drei Monaten – vor der Knochenmarktransplantation – durfte ich lediglich mit meinen Eltern, einer einzigen Freundin, den Ärzten und Krankenschwestern persönlich Kontakt haben. Aber auch die habe ich immer nur mit Mundschutz und in steriler OP-Kleidung gesehen. Zwischen der Welt und mir gab es zwei Vorräume, die Schleusen genannt wurden. Ich durfte das Fenster nicht öffnen und mein Zimmer nicht verlassen. Das klingt ein bisschen wie Mädchenknast – und so fühlte es sich auch an. Wäre ich körperlich nicht so schwach gewesen, hätte mich dieser Zustand um den Verstand gebracht. Die meiste Zeit habe ich geschlafen, gedöst oder Serien wie *Türkisch für Anfänger* und Filme wie *Rocky* geschaut. Der hat mich übrigens immer wieder aufgebaut und motiviert. Bloß nicht aufgeben – wie *Rocky* halt. Dann gab es eine Zeit, in der ich ständig Musik gehört habe. Ein Bekannter hatte mir seinen iPod mit der Musik von Bands wie den *Toten Hosen* und *Linkin Park* bespielt. Ja, und dann gab es auch die Tage, an denen ich einfach nur meinen Gedanken nachhing. Ich dachte viel an mein Triathlon-Team. Sport ist meine große Liebe. Und ich habe mir immer wieder klargemacht, dass es Menschen gibt, die wirklich einsam sind. Die niemanden haben, der sie besucht und sich kümmert. Ich wusste, dass meine Eltern, meine vier Geschwister und meine Jungs und Mädels vom Sport an mich denken. Und dass sie bei mir wären, wenn ich Besuch hätte empfangen dürfen.

Die Leukämie wurde bei mir durch einen Zufall entdeckt. Ich hatte einen Knubbel am Arm, da steckte ich gerade mitten in der Trainingsphase für einen Zehn-Kilometer-Lauf und fühlte mich topfit. Aber den Knubbel wollte ich schon anschauen lassen. Der Arzt war sich nicht sicher, was das ist, und nahm mir sicherheitshalber Blut ab. Als die Werte aus dem Labor kamen, ging alles ganz schnell. Das Ergebnis der Auswertung: klare Anzeichen für Blutkrebs! Ich wurde zu einem Onkologen überwiesen, der mich dann sofort ins Krankenhaus geschickt hat – und schon am Abend begann die Chemotherapie. Da funktioniert man erst einmal wie ferngesteuert. Die Eindrücke, die man in einem großen Krankenhaus gewinnt, sind schon krass. Ich habe zunächst einmal gar nicht verstanden, wie ernst es um mich stand. Ich war 13 und hatte nur Sport im Kopf. Eine solche Diagnose muss man auch zulassen. Erst viel später sagte eine Ärztin zu mir, dass es richtig knapp bei mir war – und ich beinahe gestorben wäre. Das Verrückte ist, dass dieser Knubbel am Arm rein gar nichts mit der Leukämie zu tun hatte. Es war also wirklich ein großer Zufall, dass man den Krebs bei mir früh genug erkannt hat. Wäre ich also nicht beim Arzt gewesen, hätte ich mich definitiv in den nächsten Wochen oder Monaten schwach gefühlt, wäre zusammengebrochen. Blutkrebs hindert das Knochenmark ja daran, gesunde Blutzellen zu produzieren, sodass immer mehr kaputte Zellen ins Blut geschwemmt werden. Der Körper bekommt zu wenig Sauerstoff und wird immer schwächer. Früher oder später hätte ich also gemerkt, dass etwas nicht stimmt. Wahrscheinlich wäre es dann aber schon zu spät gewesen. Ein paar Tage später und eine Therapie hätte nichts mehr ausrichten können, weil meine Leukämie sehr aggressiv meinen Körper bedroht hat.

Bei einer Chemotherapie werden alle Zellen zerstört, auch die gesunden. Normalerweise kann man in einem Zimmer mit anderen Patienten liegen und auch das Fenster öffnen. Bei mir hat sich das Immunsystem aber nicht mehr regeneriert, es war vollkommen am Boden. Jeder Virus, jede kleine Erkältung hätte meinen Tod bedeuten können. Deshalb musste ich isoliert werden, damit keinerlei Keime oder Bakterien zu mir gelangen konnten. Sogar die Luft, die durch die zwei Schleusen zur mir gelangte, wurde gefiltert. Die herkömmliche Chemotherapie schlug bei mir nicht richtig an. Bald war klar, dass ich zum Überleben eine Knochenmarktransplantation brauchte. Über die Deutsche Knochenmarkspenderdatei wurde nach einem geeigneten Spender gesucht. Am 27. Januar 2012 bekam ich neues Knochenmark über eine Infusion – und war wieder voll motiviert. Obwohl es ein großes Glück ist, einen passenden Spender zu finden, hatte ich im Vorfeld keine Sekunde daran gezweifelt, einen zu bekommen. Da war eine feste Gewissheit in mir.

In manchen Momenten kam ich mir – so total allein – ganz weit weg vor. Wie in einer Art Parallelwelt, in der nur ich und dieses hässliche gelbe Zimmer existieren. Wirklich, diese Farbe hat mich aggressiv gemacht! Heute fühlt es sich an, als wären das die Erinnerungen von jemand anderem. Diese sieben Monate sind weder real noch greifbar für mich. Ich habe es zwar selbst erlebt. Trotzdem kann ich mir heute kaum vorstellen, wie ich das überstanden habe. In den Zeiten, in denen es gar nicht gut um mich stand, habe ich hin und wieder gedacht: Jetzt einfach für immer einschlafen, das wär's. Einfach nicht mehr weitermachen. Keine Übelkeit, keine Kopfschmerzen, keine Spritzen, keine Visite. Da kam mir der Tod ganz nah. Ich hätte loslassen können – und ich habe oft darüber nachgedacht. Zu gehen oder zu bleiben, das war ganz klar eine mentale Entscheidung. Aber ich wollte das niemandem antun. Ich würde es auch nicht wegstecken, wenn einer meiner Geschwister stirbt. Das kannst du jetzt echt nicht bringen, sagte ich deshalb immer wieder zu mir. Ich weiß, dass meine Brüder und Schwestern nicht nur wahnsinnig traurig wären. Sie wären auch enttäuscht, wenn ich aufgegeben hätte. Fakt aber ist, dass ich mich in Sphären befand, in denen ich mehr tot als lebendig war.

Als ich mal wieder völlig mutlos und ziemlich gleichgültig in meinem Bett lag, meinte die Krankenschwester zu mir: »Es ist okay, wenn du ein paar Tage am Boden bist und alles scheiße findest. Aber dann musst du auch wieder hochkommen und weitermachen wollen. Du darfst alles machen, nur nicht aufgeben.« Sie sagte, dass ich alles rauslassen soll. Dabei trat sie mit dem Fuß gegen die Wand. Wahrscheinlich hätte es mir wirklich mal gutgetan, die ganze Wut und Verzweiflung rauszulassen, zu heulen und zu schreien. Das konnte ich in dem Moment aber nicht. Hinterher ist man immer schlauer. Ich weiß jetzt, dass nichts im Leben besser wird, wenn man nichts tut. Wenn ich diese lethargische Stimmung nicht losgeworden wäre, hätte ich alles nicht so gut geschafft. Vielleicht wäre ich gar nicht gesund geworden.

Es wäre vermessen zu denken, dass so eine Krankheit einen nicht komplett verändert. Natürlich tut sie das! Die ganze Einstellung zum Leben ist eine völlig andere, wenn auf einmal jeder Tag ein Geschenk ist. Ich habe mir viele Gedanken darüber gemacht, was mir wichtig ist, für welche Werte ich stehe. Für mich zählt nicht, wie viel Geld ich einmal haben werde, sondern dass ich meine Träume lebe – und alles daransetze, sie zu verwirklichen. Ich glaube daran, dass es das Größte überhaupt ist, etwas zu finden, das einem Spaß macht. Bei mir ist es der Sport. Meine ganze Leidenschaft gehört dem Triathlon und dem Turnen. Heute sieht meine Woche so aus: montags turnen, dienstags schwimmen, donnerstags turnen, freitags schwimmen und Trampolin und am Wochenende laufen. Und beim Kinderturnen und -schwimmen helfe ich zwischendurch auch mit.

Ich empfinde es wirklich als totales Privileg, dass ich wieder Sport treiben kann – obwohl mein Herz von der Chemotherapie ziemlich geschädigt wurde. Ich muss hin und wieder langsam machen, Rücksicht nehmen, mich durchchecken lassen. Und auf mein Herz hören. Aber Sport geht. Wenn ich mich bewege, spüre ich das Leben. Vor nicht allzu langer Zeit sagte eine Ärztin zu mir: »Ich hätte niemals gedacht, dass du mit deinem Herzen wieder so viel Sport machen kannst.« Das hat mich schon ziemlich stolz gemacht. Es sah nämlich eine Zeit lang so aus, als bräuchte ich noch eine Herztransplantation. Aber dann hat sich mein Herz zum Glück wieder erholt.

Ich denke, dass es das Schlimmste überhaupt ist, immer nur stur seinen Alltag vor sich hin zu leben, weil man Angst vor den eigenen Träumen hat. Und es so versäumt, sich etwas zu trauen und Dinge auszuprobieren. Viele Menschen stecken in ihrem Leben fest. Sie existieren bloß, leben aber nicht wirklich. Doch darum geht es ja eigentlich – immer wieder zu spüren, dass man lebendig ist. Nach dem Abi werde ich jobben, um Geld zu sparen. Davon möchte ich reisen und etwas von der Welt sehen. Meeresschildkröten retten, Au-pair, »Work and Travel«, Freiwilligenprojekte, auf einer Farm arbeiten – das sind so meine Ideen. Bloß nicht nur zu Hause rumgammeln, sondern das Leben in seiner ganzen Bandbreite spüren und mich inspirieren lassen. Ich glaube, dass man auf Reisen viel über sich selbst lernt. Danach werde ich vermutlich wissen, was ich beruflich machen möchte. Da mache ich mir heute keinen Druck. Das wird zu mir kommen. Auch da ist wieder eine große Sicherheit in mir.

In der Zeit, in der ich isoliert war, dachte ich sehr oft an Sport. Mein Triathlon-Team filmte das Training und schickte mir die Videos. Ich sah sie mir immer und immer wieder an, auch alte Fotos. Und stellte mir vor meinem inneren Auge vor, wie es wäre, jetzt gerade zu laufen, zu schwimmen, Fahrrad zu fahren. Ich sah mich, wie ich beim Stadtlauf antrete, durch die Ziellinie komme. Ich versuchte zu spüren, wie sich das wohl anfühlen würde. Jeder steckt so eine Krankheit anders weg. Ich klammerte mich an meine Ziele – die vielleicht naiv waren. Beim Erdinger Stadttriathlon wollte ich im nächsten Jahr auf alle Fälle wieder dabei sein. Und ich formulierte für mich als Ziel, wieder mit meinem Team zu trainieren. Am Ende stellte sich heraus, dass alles in Erfüllung ging. Aber dass es viel länger gedauert hat, als anfangs gedacht. Und so war ich beim Stadttriathlon zwar dabei, konnte aber lediglich zuschauen – mit Mundschutz.

Die meisten Patienten haben nach der Leukämie körperliche Beschwerden, die mit der ursprünglichen Erkrankung nichts zu tun haben. Die Chemotherapie hinterlässt einfach ihre Spuren. Bei mir hat sie das Herz angegriffen. Eigentlich hätte ich schon nach Hause gedurft, da standen noch zwei Tests an. Beim Ultraschall sagte die Kardiologin: »Tut mir leid, Kathi. Aber heute scheitert es leider an mir, dass du nicht nach Hause darfst.« Erst hatte ich eine Herzmuskelentzündung, dann eine Insuffizienz. Bei der Chemo hat mich wohl doch ein Virus volle Breitseite erwischt – aber die eigentliche Ursache ist nach wie vor unklar. Die Ärzte waren überfordert. Lange Zeit wussten sie nicht, wie es mit mir weitergehen soll. Das ist das Blöde an komplizierten Krankheiten. Wenn nicht nach Schema F vorgegangen werden kann, herrscht oft erst mal Ratlosigkeit. Und gerade beim Thema Sport konnte man mir nicht sagen, was geht und was nicht. Irgendwann entschied ich dann, auf meinen Körper zu hören und Schritt für Schritt für mich herauszufinden, was ich mir zumuten kann.

Nachdem ich aus dem Krankenhaus entlassen worden war, hatte ich ein halbes Jahr zu Hause Unterricht, noch durfte ich nämlich nicht in die Schule. Aber am letzten Schultag der neunten Klasse konnte ich mit Mundschutz meine Klasse sehen. Nach den Sommerferien ging ich direkt in die zehnte Klasse, obwohl ich die neunte komplett verpasst hatte. Zum Halbjahr bin ich dann doch zurückgegangen. Ich bin jetzt zwei Jahre unter meiner ursprünglichen Stufe. Bei meinen Klassenkameraden denke ich mir oft: Leute, was habt ihr für Probleme? Bei denen geht es um Party, Saufen und Coolsein. Das verstehe ich nicht – und ich finde es auch oberflächlich. Manchmal muss ich mich daran erinnern, dass ich eine andere Perspektive habe. Ich glaube, dass viele Menschen nicht darüber nachdenken, wie sie mit anderen umgehen. Gerade bei Mädchen scheint das häufig so zu sein. Sie tun überfreundlich, sprechen hinter dem Rücken aber schlecht übereinander. Dabei kann man jemanden, den man nicht mag, doch einfach in Ruhe lassen. Es hat lange gedauert, bis ich wieder richtig im Alltag angekommen war. Es klingt merkwürdig, aber ich fühlte mich nicht lebendig, jedenfalls nicht so wie vor der Erkrankung. Wenn ich in den Spiegel schaute, sah ich zwar jemanden, der in irgendeiner Richtung aussah wie ich. Aber ich sah mich nicht selbst.

Ich werde hin und wieder gefragt, wie ich mit der Angst vor einem Rückfall umgehe. Ehrlich, mir kann keiner erzählen, völlig frei von dieser Angst zu sein. Ab und zu gibt es auch bei mir Phasen, in denen ich alles infrage stelle. Und eine große Sorge in mir hochkommt, dass ich das alles noch einmal durchmachen muss. Es ist schwer, eine Prognose abzugeben. Aber ich glaube fast, ich würde keine Therapie mehr machen. Auf der anderen Seite – oder an besseren Tagen – bin ich fest davon überzeugt, dass die Leukämie nicht zurückkommt. Das Perfide ist eben, dass ich damals ja auch nicht gespürt habe, dass ich krank bin. Theoretisch kann der Krebs also ganz plötzlich zurückkommen. Wenn ich an die Krankheit denke, macht sich eine Taubheit in mir breit. Alles wird ganz leer. Ich bin dann weder wütend noch traurig, sondern vielmehr betäubt.

Der Verein *Make a Wish* fragte mich einmal nach meinem größten Wunsch. Erst habe ich mich nicht getraut zu sagen, was ich am allerliebsten erleben möchte. Dann haben sie immer wieder nachgefragt und ich dachte: Mehr als Nein sagen können sie nicht. Also erzählte ich ihnen, als sie mich zu Hause besuchten, dass es für mich nichts Tolleres gäbe, als zum *Ironman* nach Hawaii reisen zu dürfen. Der Verein hat wirklich alles in Bewegung gesetzt und es am Ende tatsächlich möglich gemacht, dass ich dabei sein konnte. Ich schwamm sogar mit Delfinen. Und ich traf eine Triathletin, die ich sehr bewundere: Chrissie Wellington. In dieser ganzen Woche lag eine Magie in der Luft, die ich schwer beschreiben kann.

Am meisten Spaß macht es mir, selbst an Wettkämpfen teilzunehmen – ich liebe einfach diesen Kampf gegen mich selbst. Irgendwann kommt der Punkt, an dem der ganze Körper wehtut und man nicht mehr kann – dann will man nur noch aufhören. Jetzt kommt es auf den Kopf an, ob man weitermacht oder nicht. Schafft man es, den Schalter umzulegen? Wenn man dann durchs Ziel läuft, durchflutet einen dieses unglaublich gute Gefühl: Ich kann alles schaffen! Nichts kann mich aufhalten. Das ist das Besondere an Wettkämpfen. Du trittst gegen andere an, aber in Wahrheit gegen dich selbst. Diese Konfrontation mit mir und meinem Willen finde ich großartig. 2024 werde ich 27 Jahre alt sein, da gewinne ich den *Ironman* auf Hawaii, in dem Jahr danach steige ich ins Profigeschäft ein. Das ist mein großes Ziel. Mal sehen, ob mein Körper mitspielt. Aber eigentlich weiß ich es ganz sicher. Ich glaube fest daran, dass man nach den Sternen greifen sollte. Nur so wird man nicht im Alltagstrott untergehen. Das Schlimmste ist doch, wenn man irgendwann keinen Drive mehr hat, um Neues auszuprobieren. Das kommt für mein Leben einfach nicht in die Tüte.

»Wenn ich gehe, dann mitten aus dem Leben.«
Die Geschichte von Claudia Kotter

Dass Gesundheit nicht selbstverständlich ist, verstehen die einen früher, die anderen später. Mir wurde es spätestens im Gymnasium klar. Eine Klasse über mir war ein Mädchen, das krank war. Sie litt an Sklerodermie, einer sehr seltenen Autoimmunkrankheit. Ihr Körper war nicht in der Lage, Collagen zu produzieren. So verhärteten sich die Organe, vor allem die Lunge und die Haut.

Im Alter von sieben Jahren hatte sich Claudia äußerlich verändert. Es dauerte lange, bis die Ärzte wussten, woran das Mädchen litt. Die Krankheit kam in Schüben, unregelmäßig. Eigentlich sehr untypisch, in so jungem Alter an Sklerodermie zu erkranken. Keiner kannte den Auslöser, aber es wurde auf einen Virus getippt. Ich quatschte mit Claudia hin und wieder auf dem Schulhof. Oft konnte sie die Schule aber gar nicht besuchen, fehlte wochenlang, lag im Krankenhaus. Damals verstand ich natürlich nicht genau, wie ernst es tatsächlich um sie stand.

Auch nach der Schule blieb ich mit Claudia in Kontakt, interviewte sie für die Studentenzeitung, für die ich schrieb. Ihre Geschichte ließ mich nicht los. Umso erschütterter war ich, als ich erfuhr, dass die lebensfrohe, starke Claudia im Alter von dreißig Jahren starb. Das war 2011.

Damals dachte ich oft darüber nach, dass sie unwahrscheinlich viel Leben in ihre Zeit gepackt hatte. Dass sie sich nicht groß mit den vielen Widrigkeiten befasst, sondern das Gute gesehen und angepackt hatte. Dass sie ihren Fokus genau richtig gelegt hatte: Was kann ich trotz Krankheit und Schmerzen bewegen? Claudia ergriff jede Chance – und gründete einen Verein, der noch heute existiert. ›Junge Helden e.V.‹ klärt darüber auf, wie wichtig es ist, sich mit dem Spenden der eigenen Organe auseinanderzusetzen. Claudia selbst wartete nämlich lange Zeit auf eine Spenderlunge, ohne die sie nicht hätte weiterleben können. Und so entschied sie nach dem Abitur, ihre Zeit nicht in ein Studium zu investieren, sondern in etwas, das ihr wirklich sinnvoll erschien. Sie steckte all ihre Kraft in ihren Verein, gewann unzählige Prominente für ihre Idee. Jürgen Vogel wurde ihr guter Freund. Er schwärmt noch heute von Claudias unbändiger Kraft, ihrem Lebenswillen und ihrem Mut.

Als ich für dieses Buch recherchierte, traf ich mich mit Claudias kleiner Schwester Angela Ipach, die ich auch vom Schulhof kannte. Ich wollte wissen, wie sie den Tod von Claudia erlebt hatte, wie sie heute mit dem Verlust ihrer geliebten Schwester umgeht.

Angela, du hast von Anfang an mitbekommen, dass deine große Schwester immer kränker wurde. Wie war das für dich?

Bis ich etwa 16 Jahre alt war, haben unser Bruder und ich Claudi gar nicht als so krank wahrgenommen. Klar war alles ein wenig spezieller – in den Urlaub fahren etwa, das war immer kompliziert. Denn Claudis medizinische Versorgung musste ja 24/7 gewährleistet sein. Als Jugendlicher war das schon ein Einschnitt, wenn ein geplanter Urlaub nicht stattfinden konnte, weil es ihr plötzlich schlechter ging. Ansonsten habe ich die Krankheit – und den Gedanken, dass Claudi früh sterben könnte – nie richtig zugelassen.

Aber du hast schon gemerkt, dass ihr die Krankheit zusetzt.

Wenn es Claudi schlecht ging, konnte ich damit nur schwer umgehen. Ich wurde dann richtig trotzig, schließlich war sie immer meine große Schwester, die sich kümmerte und mich beschützte. Und jetzt musste ich akzeptieren, dass sie auch Phasen hatte, in denen sie schwach und auf meine Hilfe angewiesen war. Es hat ein Jahr gedauert, bis ich in diesen Situationen, in denen Claudi keine Kraft hatte, stark sein konnte. Rückblickend kann ich sagen, dass man sich als Schwester oder Bruder einfach Zeit geben muss. In solch eine Rolle wächst man eben nicht von heute auf morgen hinein. Gerade in der Pubertät ist das natürlich richtig schwer. Ich musste lernen zu verstehen, dass Claudi aufgrund ihrer Krankheit mehr Aufmerksamkeit bekommt. Obwohl sie natürlich nie darum gebuhlt hat, im Mittelpunkt zu stehen. Aber so war es einfach, das ist in jeder Familie mit einem kranken Kind so.

Wie kam es, dass sich Claudia nach dem Abitur dem Thema Organspende angenommen hat?

Sie hat ja selbst auf eine Transplantation gewartet, da war sie Anfang zwanzig. Claudi lag in Berlin in der Charité und war als »high urgent« eingestuft. Sie hatte also absolute Priorität, weil ihr Leben davon abhing, ob sie bald ein Spenderorgan bekam oder nicht. Bei ihr war es die Lunge, die durch ihre Autoimmunkrankheit völlig verhärtet war. Meine Schwester hing also nonstop am Sauerstoffgerät. Im Laufe der Zeit wurde ihr immer bewusster, wie wenig sich gerade junge Menschen mit Organspende auseinandersetzen. Sie wollte aufklären, zum Nachdenken anregen. Und tatsächlich, wenn man sich erst einmal damit beschäftigt, lässt das Thema einen nicht mehr so schnell los. Die Zahlen muss man sich mal vor Augen halten: 2014 lag die Bereitschaft von Spendern im Vergleich zu Wartenden bei 846 zu 11 000. So sterben täglich drei Menschen, weil kein Organ gefunden wird. Rund viertausend Menschen sterben im Jahr an Hirntod, deren Organe man eventuell hätte transplantieren können.

Wie hat Claudia die Ungewissheit verkraftet? Schließlich konnte ihre Spenderlunge jeden Tag kommen – oder auch nicht.

Für sie war es eine enorme psychische Belastung. Es gab Phasen, in denen sie sich selbst verletzte. Oder sie verließ ohne Handy und Sauerstoffflasche das Krankenhaus und fuhr zum Flughafen. Körperlich konnte sie ja nicht mehr fliehen, sie fühlte sich wie gefesselt. Und ja, sie hatte oft starke Schmerzen. Der unbestimmte Faktor war das schwierigste. Wann kommt eine Lunge? Auf der einen Seite wollte sie, dass eine kommt. Auf der anderen hatte sie auch Angst davor. Claudi wog am Ende unter vierzig Kilogramm, das war schon grenzwertig. Noch weniger und sie hätte einen Eingriff womöglich nicht überlebt.

Wie bist du damit umgegangen? Schließlich hast du wahrscheinlich beinahe täglich um deine geliebte Schwester gebangt.

Uns wurde relativ früh klar gesagt, dass Claudi eine verkürzte Lebenserwartung hat. Doch sie hat uns Mut gemacht, keiner Statistik geglaubt. Claudi sagte: »Ich widerlege die Zahlen!« Heute wird ihre Geschichte auf Kongressen als extreme Erfolgsgeschichte vorgestellt. Ich weiß, dass das verrückt klingt, aber als Familie lebt man mit so einer Diagnose einfach. Es macht einen nicht verrückt, sondern schweißt zusammen. Man erlebt alles viel bewusster. Ich bin jedenfalls nicht jeden Morgen aufgewacht und hatte Angst um Claudi.

Claudia hat dann tatsächlich eine Spenderlunge bekommen.

Ja, das war alles sehr dramatisch. Es war 2007, Claudi und ich lebten in Berlin. Zu dem Zeitpunkt stand es nicht gut um sie. Meine Schwester schaffte nicht mal mehr den Weg vom Bett ins Bad. Sie hatte permanent das Gefühl, nicht atmen zu können.

Als säße ein Elefant auf ihrem Brustkorb, erklärte sie immer. Unserer Mutter legten die Ärzte nahe, Berlin nicht zu verlassen. Einer von uns hat in der Zeit immer bei Claudi im Krankenhaus geschlafen. Wir hatten zwei Betten zusammengeschoben, damit wir nah beieinander sein konnten. Es gab eine rote Tagesdecke, Bilder, ein Schuhregal und einen kleinen Kühlschrank. Ihr Krankenzimmer war unser Mittelpunkt, dort haben wir uns immer getroffen, Fernsehen geschaut, zusammen gegessen und uns verhalten, als wäre es unser Wohnzimmer. Irgendjemand aus dem Freundeskreis war immer da. Wenn wir am Wochenende feiern waren, kamen wir nachts um zwei aus dem Club und legten uns zu ihr ins Bett. Und wir haben Claudi immer etwas Leckeres zu essen mitgebracht. Krankenhausessen ist ja ein Unding. Wer müsste eigentlich das beste Essen der Welt bekommen? Kranke Menschen! Aber gut, zurück zur Transplantation.

In der Nacht, in der es passierte, schlief ich zu Hause. Kurz nach Mitternacht kam ihr Anruf: »Es wäre schön, wenn du dich langsam fertig machst. Sie haben eine Lunge! Ich freue mich«, sagte Claudi. Herzklopfen! Wir wussten, dass Claudi bei dem Eingriff hätte sterben können, eine Lungen-Transplantation ist sehr kompliziert. Wir hatten im Freundeskreis eine Telefonliste – so etwas wie WhatsApp-Gruppen existierten damals noch nicht. Einer rief also den nächsten an.

Klingt nach einer höchst dramatischen Nacht.
Oh ja, das war sie. Im Taxi auf dem Weg ins Krankenhaus lief auch noch eines unserer Lieder. Claudi wurde von der Charité abgeholt und ins Herzzentrum gebracht, wo die Transplantation durchgeführt werden sollte. Hinter ihrem Krankenwagen war eine kleine Kolonne, alle ihre Freunde waren auf den Beinen. Auch viele, die sich für den Verein engagierten. Wir waren alle euphorisch – aber auch voller Angst. 2003 hätte meine Schwester schon einmal eine Lunge bekommen können, dann hat das

Organ aber nicht gepasst. Es muss in einem guten Zustand sein, die biologische Struktur muss passen.

Habt ihr euch alle von Claudia verabschiedet? Ihr wusstet ja nicht, ob sie die Transplantation überlebt.

Es war eine surreale Situation. Aber wir waren ganz ruhig. Uns war tatsächlich klar, dass dies die letzten Minuten mit ihr sein könnten, aber der Gedanke, dass Claudi die OP schaffen würde, war viel stärker. Auf einmal ging alles ganz schnell. Die Chirurgen gaben grünes Licht, die Lunge sei super. Wir sahen uns an und konnten nicht glauben, dass es jetzt tatsächlich so weit war. Um die zwanzig Leute standen da schon auf dem Krankenhausflur. Wir durften noch bis zur Schleuse mit. Dann verschwand sie für neun lange Stunden im OP.

Wie habt ihr die quälende Warterei ausgehalten?

Wir haben das Angehörigenzimmer komplett okkupiert. Die einen haben beim Bäcker etwas geholt, andere blätterten in Zeitschriften. Manche legten sich hin und schliefen. Wir redeten aber auch, vor allem über Claudi. Dann kam die Info, dass sie im Aufwachraum ist. Damals war uns noch nicht bewusst, dass uns die richtig intensive Zeit noch bevorstand. Würde sie das Spenderorgan annehmen? Bei Claudis Grunderkrankung war das alles andere als selbstverständlich. Als ich zu ihr kam, lag sie noch im künstlichen Koma, alles piepste, überall waren Schläuche. Sie war intubiert und konnte nicht sprechen, als sie aufwachte.

Was ging da in dir vor?

Es ist schrecklich, einen geliebten Menschen so zu sehen. Ich hätte sie am liebsten befreit und beschützt. Claudi war nie eine ängstliche Person. Aber als sie aus dieser OP aufwachte, hatte sie Halluzinationen. Sie riss die Augen weit auf. Sie hatte Panik, das spürte ich. Ich glaube, für sie war es ganz schwer, die Kontrolle zu verlieren. Sie hat ihren Verstand ja nie an der Pforte abgegeben, sondern hinterfragte immer alles, dachte mit, stellte den Ärzten komplizierte Fragen. Aber hier, auf der Intensivstation, war sie vollkommen hilflos und abhängig von den Maschinen. Eine schreckliche Situation. Ich fühlte mich fürchterlich, weil sie so litt und ich nichts tun konnte.

Wie ging es dann weiter mit ihr?
Es kommt oftmals vor, dass Transplantierte nur schwer mit der Angst umgehen können, dass das Organ abgestoßen wird. Sie sind sehr vorsichtig und trauen sich kaum raus. Klar, das Immunsystem ist ja erst einmal total geschwächt und empfänglich für Keime. Claudi fand eine perfekte Balance zwischen Achtsamkeit und Unbeschwertheit, als sie aus der Reha zurückkam. Jetzt wollte sie leben. Sie sagte:»Ich habe das nicht alles durchgemacht, um jetzt im Krankenhaus zu verharren.« Sie hat sich einfach immer an den Gesunden orientiert. Daraus hat sie ihre Kraft gezogen. Mit der neuen Lunge war auf einmal alles möglich. Wir waren auf einem *Coldplay*-Konzert, konnten sogar ins Fitnessstudio gehen. Als wir da nebeneinander trainierten, hatte ich Tränen in den Augen – so schön war das für mich. Claudi schreibt in ihrem Buch:»Ich habe nicht gewartet, ich habe gelebt.« Ich finde, das ist ein sehr großer und wahrer Satz.

Es war klar, dass die Zeit deiner Schwester – trotz neuer Lunge – begrenzt war, oder?
Ja, das stand immer im Raum. Sie war weiterhin krank, obwohl ihr die Lunge vier schöne und intensive Jahre bescheren konnte. Claudi hat in dieser Zeit mehr Gas gegeben denn je. Bei *Junge Helden e.V.* zum Beispiel, und dann hat sie ihr Buch geschrieben.

Wir sind U-Bahn gefahren, in Urlaub geflogen, sind weggegangen. Sie ist die Treppe hochgelaufen. Alles Selbstverständlichkeiten, die wir aber nicht mehr gewohnt waren. Für sie gab es nur JETZT. Wir haben diese Zeit sehr genossen.

Claudia starb 2011. Wie fühlst du heute, wenn du an sie denkst?

Egal, was ich tue, alles ist durch meine Schwester beeinflusst. Klar hat ihre Krankheit viel Schweres in unser Leben gebracht. Aber auch so viel Wertvolles und Wahrhaftes. Wir haben es nie als Last empfunden, denn das alles hat unser Leben extrem bereichert. Ich lebe heute sehr bewusst. Natürlich schafft man das nicht immer, aber sobald ich mir wegen unwichtigen Dingen Gedanken mache, wird mir beim zweiten und dritten Gedanken klar: Was weiß ich denn schon, was nächste Woche ist? Claudi hat es auf den Punkt gebracht: Das Leben findet jetzt statt, man kann es nicht verschieben.

Claudia war eine gelassene Person.

Total. Sie sagte immer, dass wir das Problem lösen können, wenn es da ist. Dass wir uns im Vorhinein gar nicht erst verrückt machen müssen. So lief das Leben mit Claudi. Sie wusste, dass sie nicht alles beeinflussen kann. Also hat sie sich nicht reingesteigert.

Was würdest du Geschwisterkindern von kranken jungen Menschen mit auf den Weg geben?

Das Wichtigste ist, immer offen und ehrlich miteinander zu sein und die Gefühle komplett preiszugeben. Auf keinen Fall denken, dass man Dinge nicht sagen darf. Und man sollte nicht den Anspruch haben, dass immer alles harmonisch ist, nur weil da jemand krank ist. Claudi und ich haben uns öfter gestritten, um uns kurze Zeit später wieder zu vertragen. Eine gute Streitkultur ist für jede Familie wichtig. Uns war es auch immer ein echtes Anliegen, dass schwierige Gespräche einen Raum haben. Ich finde es entscheidend, auf Augenhöhe zu bleiben und nicht in so eine Mitleidsnummer zu verfallen. Patienten wollen nämlich alles, aber bloß nicht wie ein Opfer behandelt werden – zumindest war das bei Claudi so. Aber klar, als Gesunder kann man nichts gegen das Gefühl tun, wenn einem etwas oder jemand leidtut.

Kannst du darüber reden, wie du Claudias Tod erlebt hast?
Bei einer so langen Krankheitsgeschichte wie bei Claudi hätte man vermutet, dass sich der Tod irgendwie ankündigt. Er kam aber ganz anders, nämlich sehr plötzlich. Claudi hatte einen plötzlichen Herzstillstand. Sie sagte einmal: »Wenn ich gehe, dann mitten aus dem Leben.« So war es auch, man kann wirklich sagen, dass sie auf dem Höhepunkt ihres Lebens starb. Gerade hatte sie für *Junge Helden e.V.* eine große Spendensumme erhalten. Sie gewann die Auszeichnung »Goldene Bild der Frau« und hätte mit dem Goldenen Bundesverdienstkreuz ausgezeichnet werden sollen. Und auch privat war sie richtig glücklich. Es war das Pfingstwochenende. Claudi war mit ihrem Freund übers Wochenende an einem See. Zurück in Berlin rief Mo morgens bei mir an und sagte, Claudi sei ganz blau und atme nicht mehr. Ich rannte los, unsere Wohnungen waren nicht weit voneinander entfernt. Mit mir kam der Rettungswagen an. Claudi wurde reanimiert. Sie kam aber nicht mehr zurück.

Hast du an dem Tag und in der Zeit danach nur noch funktioniert?
Ich glaube, ich habe meine Psyche für drei bis vier Monate woanders geparkt. Nur so konnte ich alles erledigen und weitermachen. Wie damals mit der Telefonliste kontaktierten wir unsere Freunde und kamen alle zusammen. Die gesamte Woche nach Claudis Tod verbrachten wir die Abende zusammen.

Wie denkst du heute an deine Schwester?

Es gibt Momente, in denen ich mir ganz bewusst Zeit gebe, bei ihr zu sein. Ich habe einen Ordner mit Briefen von ihr, die lese ich dann. Ich gebe dem Schmerz so seinen Raum. Aber da gibt es auch einen konstanten Schmerz, der für immer in mir bleiben wird. Das ist auch völlig okay so. Man muss akzeptieren, dass es Trauriges im Leben gibt. Den Gedanken in all seiner Brutalität muss man mal reinlassen: Claudi ist nicht mehr auf der Welt! Ehrlich, ich habe gar nicht den Anspruch, dass ich nicht mehr um sie weine. Ein Teil von mir wird für immer um sie trauern. Es gibt Lücken, die niemals geschlossen werden. Und das ist total okay so. Ich sehe bei Menschen oft eine Unfähigkeit, schwierige, traurige oder schmerzhafte Dinge stehen zu lassen. Man kann manchen Dingen einfach nichts Positives abgewinnen. Punkt.

Gibt es auch Tage, an denen Claudia ganz nah bei dir ist?

Sie ist für mich alles andere als weg. Gedanklich fühle ich mich mit ihr verbunden. Ich bin mir auch sicher, dass wir uns wiedersehen. Jetzt bin ich noch hier auf der Erde – und das ist auch gut so. Aber irgendwann bin ich wieder mit ihr. Sie ist mir gerade einfach einen Schritt voraus. Aber klar, ich habe nach wie vor starke Verlustängste, die werden wohl auch nie weggehen.

Hast du einen Tipp, wo man seiner verstorbenen Schwester oder dem verstorbenen Bruder begegnen könnte?

Mich zieht rein gar nichts zum Friedhof, dieser Ort gibt mir nichts. Claudi hat mir mal einen Zettel mit einem Spruch von uns geschrieben. Dieser Zettel ist für mich so ein »Ort«. Und dann schenkte sie mir eine Kette, ich habe sie immer bei mir. Für die Hinterbliebenen ist so etwas Haptisches, glaube ich, wahnsinnig wichtig. Der Zettel und die Kette verbinden mich irgendwie mit ihr. Sie sind Symbole für unsere tiefe geschwisterliche Liebe. Ich bin zutiefst dankbar, diese »Orte« zu haben, an denen ich Claudi ganz nah sein kann, wenn ich sie brauche, aber auch so habe ich das Gefühl, dass wir konstant verbunden sind – in Gedanken und unzähligen Erinnerungen.

Wie der Tod in mein Leben kam

»Unsere Verabredung mit dem Leben
Findet im gegenwärtigen Augenblick statt.
Und der Treffpunkt ist genau da,
Wo wir uns gerade befinden.«
Buddha

Mit 17 macht man sich über alles Mögliche Gedanken – aber nicht über den Tod. Das Leben hat ja gerade erst richtig Fahrt aufgenommen. So war das auch bei mir. Der erste feste Freund, die Schülerzeitung, die Tennisclique. Doch dann starb mein Halbbruder. An einem Dezemberabend fand unsere Oma seine Leiche. Alexander lag auf dem Sofa, schon völlig erkaltet. Nein, ich bin nicht schlagartig erwachsen geworden, als mein Vater mir sagte, dass Alexander tot ist. Aber ich wurde zu einer nachdenklicheren und tiefgründigeren Person. Und brauchte lange, um mich an den Gedanken zu gewöhnen, nie wieder Alexanders Stimme zu hören. Nie wieder neben ihm im Skilift zu sitzen. Nie wieder in den Sommerferien mit ihm zu segeln. Dieses »nie wieder« brachte eine neue Dimension in mein Leben. Abschiednehmen wurde auf einmal sehr konkret. Und endgültig. Aber ich stand nicht unter Schock. Irgendwie war da in den Wochen vorher eine Art Vorahnung in mir gewesen.

Alexander hatte keinen Krebs und auch keine andere schwere Krankheit. Die Ursache seines Todes war eher eine seelische. Seitdem ich ihn kannte, fühlte er sich hier auf der Erde unwohl, irgendwie unverstanden. Und seitdem ich denken konnte, nahm er exzessiv Drogen. Immer wieder versuchte er, von ihnen loszukommen. Alexander war entweder gerade in einer Entzugsklinik oder verschwunden. In guten Phasen konnte ich die Ferien mit ihm verbringen. Wir fuhren auf dem Roller durch die Rhön, schauten die ganze Nacht Filme, dachten uns Streiche aus. Aber dann gab es auch die Phasen, in denen er vor mir stand wie ein Geist – dünn und schweißgebadet. Mit leeren Augen schaute er mich an. Da wusste ich, wie sehr das Leben für ihn eine Qual war, wie wenig sich seine Seele auf der Erde zu Hause fühlte. Und so wurde mir schon mit 13 klar, dass Drogen immer auch eine Flucht aus der Realität sind. Wer sich in seinem eigenen Leben nicht zurechtfindet, dröhnt sich zu. So war es zumindest bei Alexander. Wie sonst ist es zu erklären, dass keine einzige Entzugstherapie es schaffen konnte, ihn zu uns zurückzuholen? Nicht wir waren seine Familie, sondern das Heroin. Die Sucht gab ihm Halt. Für mich als kleine Schwester war es häufig kaum zu ertragen, Alexander so fertig zu sehen. Ich fand das Leben mit all seinen Möglichkeiten und Absurditäten nämlich großartig – und hätte ihn gern mitgenommen. Ihm gezeigt, wie es auch sein kann. Aber wirklich erreichen konnte ich ihn nur ganz selten. Ich war halt die kleine Schwester, die nicht viel ausrichten konnte gegen diese große Sucht nach dem Stoff. Sie verhieß für eine kurze Zeit Glückseligkeit, wenn das Heroin durch seine Adern floss. »Ich bin für dich da, wenn du mich brauchst«, sagte ich zu ihm. »Ich möchte dir helfen.« Er hörte meine Worte, verstand ihre Bedeutung aber nicht. Alexander hatte sich seelisch längst abgemeldet.

Ein paar Tage vor seinem Tod standen wir in meinem Zimmer vor dem CD-Regal, er wollte sich ein ›Jamiroquai‹-Album von mir ausleihen. Da spürte ich schon, wie wenig Leben noch in ihm war. Als dann seine Todesnachricht kam, war ich ein bisschen erleichtert und auch glücklich für ihn. Denn ich wusste, dass sein Leiden jetzt ein Ende hatte. Klar waren da auch viel Schmerz und Trauer in mir. Ich wusste, dass ich ihn schrecklich vermissen würde. Aber ich wusste gleichzeitig auch, dass Loslassen das Beste für ihn war – und so konnte ich seine Seele ziehen lassen. Seitdem weiß ich, wie es ist, mit einem kranken Bruder zu leben.

Es ist fürchterlich, sein Geschwisterkind leiden zu sehen, dieser Schmerz geht tief. Und auch die eigenen Eltern hilflos und verzweifelt zu erleben.

Vermutlich klingt es zynisch, ganz bestimmt aber merkwürdig: Ich habe aus Alexanders Tod auch Positives gezogen. Schlagartig wurde mir nämlich klar, dass ich auf jeden Fall leben will. Und dass ich alles dafür tun möchte, um mich auf der Erde wohlzufühlen. Und zwar nüchtern und nicht zugedröhnt. Welche Entscheidung auch immer ich traf, ich fragte mich, ob sie mich glücklich machen kann. Das gelang mal besser, mal schlechter. Worauf es aber ankam, war, dass ich mich mit diesen Fragen konfrontierte. Ich bin fest davon überzeugt, dass die Beschäftigung mit dem Tod, mit unserer Endlichkeit, uns alle befähigt, Glück zu erkennen und zu empfinden. Weil wir nicht mehr stupide vor uns hin leben, sondern so viel Sinn und Freude wie möglich in die Zeit packen, die uns bleibt.

Möglicherweise können die jungen Menschen, mit denen ich für dieses Buch gesprochen habe, das Leben ganz anders wertschätzen – und es mit völlig anderen Vorzeichen angehen als solche, die noch nie über den Tod nachgedacht haben. Wie Melanie mir einmal schrieb, nachdem sie ein paar Kapitel gelesen hatte: »Ich finde, dein Buch ist definitiv keine leichte Lektüre und wird so manchen über seinen eigenen Alltag und sein eigenes Bewusstsein zum Thema Tod noch einmal gründlich nachdenken lassen. Aber das ist gut, denn es ist nicht durchweg traurig, sondern macht auch Mut und zeigt einem Wege, ganz leicht mit dem Tod umzugehen. Mit ›leicht‹ meine ich aber nicht, ihn auf die leichte Schulter zu nehmen, sondern vielmehr ihn zu verstehen und Wege zu begreifen, wie man bewusster an ihn herangehen kann.«

Ich sah mich noch nie mit dem Ende des Lebens konfrontiert. Ich musste als Jugendliche nicht gegen den Tod antreten – aber mir wurde durch Alexander schlagartig klar, dass er jederzeit kommen kann. Eine Krankheit, ein Unfall, und das war es dann. Es ist wahrscheinlich das Schwierigste überhaupt, im Hier und Jetzt zu leben. Sich keine Sorgen um die Zukunft zu machen und sich nicht zu überlegen, was man in der Vergangenheit hätte anders machen können. Ich übe noch heute. Und es gelingt mir immer besser. Die Beschäftigung mit dem Tod hat mir diesen Weg geebnet. Und ich bin dankbar für diese Erfahrung. Auch wenn es ganz gewiss Schöneres gibt, als mit 17 Eric Claptons ›Tears in Heaven‹ bei der Beerdigung des eigenen Bruders zu hören.

KAPITEL 19

»Für mich ist es das Allergrößte, die Sonne auf der Nase und den Wind in den Haaren zu spüren.«

Anna, 18, Autoimmunkrankheit

Ich habe eine Krankheit, die es eigentlich gar nicht gibt. Zumindest nicht in den Lehrbüchern. Keiner weiß so recht, was ich habe. Es gab Zeiten, da bestand ich nur aus Schmerz. Ich schrie und schrie, die stärksten Mittel konnten mir nicht helfen. Unzählige Ärzte haben sich an meinen Fall abgearbeitet. Die Odyssee begann, als ich 12 Jahre alt war und immer öfter Ohrenschmerzen auf einer Seite bekam. Der Kinderarzt tippte auf Mumps. Ich sollte zwei Wochen zu Hause bleiben und dachte erst noch: Cool, keine Schule. Aber dann wurden die Schmerzen immer schlimmer, das ganze Gesicht tat weh. Da hätte ich doch lieber im Unterricht gesessen. Als die Ohrenschmerzen immer stärker wurden, kam ich ins Krankenhaus. Es gab eine Notoperation. In meiner Ohrspeicheldrüse – sie ist wie eine Kapsel aufgebaut – befand sich Flüssigkeit, entzündet war sie auch. Die Bauchspeicheldrüsenwerte waren auch relativ hoch, deshalb musste ich ab sofort einmal im Monat zum Check in die Klinik. Das ging ja noch. Einmal im Monat schulfrei kann eine feine Sache sein.

Heute weiß ich, dass ich an einer Autoimmunkrankheit leide. Mein Immunsystem arbeitet permanent gegen meine Bauchspeicheldrüse, wodurch diese sich immer wieder entzündet. In meinem Körper findet also ein permanenter Kampf statt. Dasselbe gilt für meine Schilddrüse, meinen Magen-Darm-Trakt sowie meine Leber. Es ist schon ein irres Gefühl, in einem Körper zu wohnen, der sich selbst zerstört.

Im Januar 2011 bekam ich von jetzt auf gleich höllische Bauchschmerzen. Ich konnte vor Schmerz keinen klaren Gedanken mehr fassen. Es war, als würde mir jemand ein Messer in den Magen rammen. Ich blieb für zwei Monate im Krankenhaus, die Ärzte machten alle Tests mit mir, die man machen kann. Aber kein Ergebnis, woran ich eigentlich leide. Dafür bekam ich Höchstdosen Morphium, um nicht verrückt vor Schmerzen zu werden. Es wurde eine Magensonde gelegt, über sechs Wochen lang wurde ich künstlich ernährt. Jeden Tag kam eine Psychologin zu mir ans Bett, mit der ich mich unterhalten sollte. Mein Arzt war nämlich der Meinung, ich hätte psychische Probleme; die Schmerzen seien bloß eingebildet. Schließlich war mein Vater gestorben, als ich 11 war. Ich weiß aber ganz sicher, dass ich kein Trauma deswegen habe. Die Psychologin bestätigte das, sie sagte zu meiner Mutter, dass ich definitiv keinen seelischen Knacks hätte – und dass sie auf jeden Fall hartnäckig gegenüber den Ärzten bleiben sollte. Später war dann klar, weshalb ich vor Schmerzen nur noch schrie: Mein Darm war so entzündet, dass er an vier Stellen kurz vor dem Durchbruch war. Daran hätte ich definitiv sterben können. Wenn es ständig um Leben und Tod geht, ist man irgendwann nicht mehr panisch. Dann denkt man sich: Wenn's passieren soll, wird's passieren.

Der Körper ist ein extrem komplexes Gebilde, alles greift ineinander. Wenn aber eine Stellschraube nicht mehr funktioniert, gerät alles außer Kontrolle. So ist das bei mir. Schilddrüse, Bauchspeicheldrüse – das sind auf den ersten Blick vielleicht nicht die wichtigsten Organe. Aber sie können alles durcheinanderbringen. Immerhin kamen die Ärzte irgendwann auf ein Mittel, auf das ich angesprungen bin: Cortison! Ich musste mich nicht mehr so oft übergeben und hatte deutlich weniger Schmerzen. Es war das einzige, was mir wirklich helfen konnte und mich nach einiger Zeit sogar komplett gesund machte. Allerdings weiß ich heute, dass es auf die Knochen geht. Und dass es einen aufschwemmt wie einen Ballon. Zwischenzeitlich wog ich achtzig Kilogramm. Als ich dann runter war vom Cortison, auf einmal wieder 46 Kilogramm. Solche Gewichtsschwankungen muss ein Körper auch erst mal wegstecken. Superanstrengend! Jedenfalls habe ich jetzt kaputte Knochen wie eine Achtzigjährige. Für mich ist das eine Katastrophe, denn ich bin verrückt nach Sport. Im Eiskunstlauf war ich Leistungssportlerin, ich liebe Reiten, habe ein Pferd. Vor meiner Krankheit war ich ein Mädchen, das jeden Tag unterwegs war, ständig in Bewegung. Jetzt ist mein Leben nicht mehr wie früher – aber trotzdem total lebenswert.

Durch meine langen Krankenhausaufenthalte habe ich unzählige schwer kranke Kinder und Jugendliche kennengelernt. Da wurde täglich ums Überleben gekämpft. Bei den allermeisten war aber klar, was sie haben: Leukämie, Hirntumor, Muskelerkrankungen. Bei mir wusste keiner etwas Genaues. Nur, dass meine Organe kaputtgingen. Ich war wie eine Art Versuchskaninchen, an dem jeder einmal probiert hat, ob er die Lösung findet. »Wir wissen nicht, was du hast.« – Diesen Satz will ich nie wieder hören. Er klingt so nach Resignation. Und wenn gar nichts mehr geht, dann hat man halt psychische Probleme, bildet sich alles bloß ein. Ich glaube, es ist das Schlimmste überhaupt, wenn einem die Schmerzen nicht abgenommen werden. Wenn man als Simulantin abgestempelt wird, obwohl sämtliche Diagnosen vor einem liegen. Ich frage mich manchmal selbst, wie ich das alles wegstecken konnte.

Ich war in unzähligen Krankenhäusern und Praxen, bei unglaublich vielen Ärzten. Der eine schickte mich zum nächsten und der schickte mich wieder weiter. Die Uniklinik Heidelberg wollte mich nicht aufnehmen, weil ich ja schon im Klinikum Regensburg in Behandlung war. Man muss sich das vorstellen wie einen Spießrutenlauf. In Heidelberg konnte meine Mutter die

Privatnummer des Professors ausfindig machen und ihn überreden, mich anzuschauen und aufzunehmen. Nach einer Magenspiegelung bin ich schreiend aus der Narkose aufgewacht. Auch hier dachte man wieder, ich hätte einen Knacks. Dann war aber klar, dass ich eine akute Pankreatitis hatte, also eine schwere Bauchspeicheldrüsenentzündung. Als die Ärzte mir das Kontrastmittel für die Magenspiegelung in den Gang der Bauchspeicheldrüse gespritzt hatten, entstand eine sechs mal acht Zentimeter große Fistel, Flüssigkeit lief in den Bauch. Meine Milz hatte einen Kollaps. Viereinhalb Monate lag ich auf der Intensivstation, zeitweise stand es richtig kritisch um mich. Dreimal versetzte man mich ins künstliche Koma. Irgendwann verätzten sie mir die Nerven mit Ethanol, weil die Schmerzen nicht unter Kontrolle zu kriegen waren. Aber langsam wurde es besser. Die Ärzte sagten, ich sei ein Wunder.

So ging das weiter, Jahr für Jahr. Immer noch wusste keiner, was ich genau habe. Ich verpasste die achte, neunte und zehnte Klasse, lernte aber von zu Hause oder aus der Klinik, wenn es irgendwie ging. Wenn es um die Schule geht, bin ich ehrgeizig. Ich musste keine Klasse wiederholen.

Mit meiner Familie habe ich das ganz große Los gezogen. Meine Mama hat mir von Anfang an eine positive Haltung mit auf den Weg gegeben. Ich bleibe in jeder Scheißsituation optimistisch. Mama hat auch nicht aufgegeben, als Papa starb. Da darf ich erst recht nicht das Handtuch werfen. Finde ich zumindest. Als Kindergartenfotografin ist meine Mama selbstständig. Um rund um die Uhr bei mir sein zu können, musste sie zwei Leute einstellen. Meine Schwester ist zwei Jahre jünger, sie ist meine beste Freundin. Ich liebe sie über alles! Sie hat auch schon mal ihren Geburtstag bei mir in der Intensivstation gefeiert. Mein Stiefpapa ist mein großer Held und ich sehe ihn heute fast wie einen neuen Papa. In der schweren Zeit musste er alles unter einen Hut bringen. Er war immer für uns da und musste gleichzeitig unglaublich viel arbeiten. Das macht nicht jeder Mann mit, der grade frisch in eine Familie gekommen ist. Außerdem gäbe es ohne ihn nicht meinen kleinen Bruder Felix. Das meine ich mit toller Familie. Wir halten immer zusammen und stehen füreinander ein.

Als ich 2012 auf der Intensivstation lag, bekam ich mit, wie einige Kinder starben. Sie hatten Herzkrankheiten, Leber- oder Organversagen. Paradoxerweise war ich da schon wieder dankbar für meine geheimnisvolle Krankheit, für die keiner einen Namen hatte. Auch wenn es immer wieder ein blödes Gefühl ist, wenn die Ärzte nicht wissen, wie sie mit einem verfahren sollen, und bei der Visite blöd rumdrucksen, wenn es um weitere Maßnahmen geht.

Wenn ich mal wieder für Monate auf der Intensivstation gelegen hatte, war es für mich das Allergrößte, danach die Sonne auf der Nase und den Wind in den Haaren zu spüren. Zu sehen, wie die Wolken ziehen. Wenn man immer nur rumliegt, dahindämmert, eine Windel trägt und die Haare im Liegen gewaschen bekommt, dann findet man die gewöhnlichsten Dinge großartig. Eine kalte Cola trinken zum Beispiel. Das wird auf einmal zu einem ganz großen Glück. Ich finde, dass man sich das bewahren sollte.

Ich wollte immer leben. Bei mir war es der starke Familienzusammenhalt, der mich zum Bleiben motivieren konnte. Meine Schwester, mein Stiefvater und Freunde kleisterten die Wand meines Krankenhauszimmers mit Fotos zu. Meine Mama glaubte an mich, kämpfte wie eine Löwin. Die Familien machen den Unterschied, da bin ich mir ganz sicher. Hätte ich sie nicht, würde es mich nicht mehr geben.

Mittlerweile habe ich einen Horror davor, im künstlichen Koma zu liegen. Das ist unbeschreiblich fürchterlich. Du bist nicht wirklich da, bist aber da. Wie in einer Zwischenwelt. Wenn mein Körper wieder mal völlig abgedreht ist, hatten die Ärzte keine andere Wahl, als mich in diese Sphären abzuschießen. Ich habe höchsten Respekt vor meiner Mutter. Sie erlebte mit, wie ich auf Eis gelegt wurde, weil mein Fieber zu hoch war. Wie ich alle halbe Stunde Blut abgenommen bekam. Wie meine Herzfrequenz hochgeschnellt ist, weil ich so starke Schmerzen hatte, mich aber nicht äußern konnte. Wie Ärzte und Pfleger hektisch wurden. Das hat sie alles mit mir durchgestanden.

Von den vielen Operationen habe ich eine riesengroße Narbe am Bauch. So what?! Ich finde, dass ich wahnsinnig stark aus allem hervorgegangen bin. Schließlich habe ich mir von den Ärzten nie einreden lassen, dass meine Schmerzen psychisch sind. Man darf sich im Leben einfach nicht alles bieten lassen – auch wenn man erst 13 ist. Mein Credo: Habe immer Spaß! Wenn ich mal nicht so gut drauf bin, tue ich einfach so, als hätte ich gute Laune. So bekomme ich automatisch welche. Ich lasse mich von schlechten Gedanken überhaupt nicht runterziehen. Das ist tatsächlich eine Frage der Einstellung. Ich beschäftige mich schlichtweg nicht mit Dingen oder Menschen, die meine gute Stimmung gefährden. Dafür verschwende ich doch nicht meine Zeit! Beispiel: Schreibe ich eine schlechte Note, obwohl ich viel gelernt habe, dann ist das halt so. Und wenn jemand doof über mich redet? Sein Problem. Den Schuh ziehe ich mir nicht an. Mit Jungs ist es ganz normal. Ich verstecke mich nicht, nur weil ich einen Großteil meiner Jugend auf der Intensivstation verbracht habe. Wer damit nicht klarkommt, ist halt nicht der Richtige. Ich glaube, die guten Jungs stehen auf Mädchen mit Selbstbewusstsein.

Seitdem ich nicht mehr Dauergast im Krankenhaus bin, habe ich mir alles gegönnt, was ich mir immer gewünscht habe. Einfach, weil es sich richtig anfühlt, sich mit schönen Dingen zu umgeben. Es gab ein neues Handy, viele Klamotten von Tommy Hilfiger, Nagellacke, Schminke und Abos für Zeitschriften. Ich feiere immer noch den Umstand, dass ich nach Lust und Laune in die Stadt gehen kann. Meine gesamte Teenagerzeit hindurch war das nicht möglich.

Seit ein paar Monaten gehe ich 15 Stunden in der Woche kellnern. Solch ganz gewöhnliche Sachen sind für mich außergewöhnlich. Einen Nebenjob haben, megageil! Ich gehe jetzt in die 12. Klasse, nächstes Jahr werde ich mein Abitur schreiben. Mein Traum war ein duales Studium. Und ich habe ihn mir wahrgemacht! Am 1. Oktober 2016 werde ich ein duales Studium in der Richtung BWL Handel – Internationaler Handel antreten. Dafür muss ich ausziehen und werde in meine eigene kleine Wohnung ziehen, ich bin total aufgeregt!

Anfang 2014 bis Mitte 2015 galt ich als gesund. Ich hatte keine Schmerzen, musste mich nicht übergeben und konnte essen, was ich wollte. Sport darf ich bis heute nicht treiben, denn ich habe durch das viele Cortison eine hochgradige Osteoporose, also kaputte Knochen. Leider kamen dann plötzlich meine Beschwerden wieder. Klar wusste ich, dass sie jederzeit wiederkommen können, das habe ich aus meiner Krankheit gelernt. Nichts ist sicher. Aber ich halte mich trotz monatelanger Krankenhausaufenthalte wacker. Ich werde es auch diesmal schaffen. Denn ich liebe es, zu leben.

KAPITEL 20

»Trauer ist keine Krankheit. Ich habe bewusst entschieden, mein Leben nicht von ihr bestimmen zu lassen.«

Gespräch mit der verwaiste Mutter Barbara Stäcker

Für Eltern gibt es nichts Fürchterlicheres, als das eigene Kind zu verlieren, es zu Grabe tragen zu müssen. Viele können sich nicht vorstellen, wie sie diesen Verlust jemals verwinden sollen. Wahrscheinlich geht das auch nicht. Weil sich manche Lücken niemals schließen lassen – weil man ein Kind nicht ersetzen kann. Aber es gibt Wege, mit dem Verlust umzugehen. Barbara Stäcker, 54, ist so einen Weg gegangen. 2010 erkrankte ihre Tochter Nana an Krebs – mit gerade einmal zwanzig Jahren. Ein Jahr zuvor hatte Nana das Abitur gemacht und sich ein Jahr Auszeit gegönnt. Sie wollte nicht weit reisen, sondern zu Hause Zeit mit Familie und Freunden verbringen. Eine weise Entscheidung! Sie erlebte ihre erste große Liebe, plante ein gemeinsames Leben mit Chris und schrieb sich für ein Lehramtsstudium ein.

Dann bekam sie immer öfter Rückenschmerzen, fühlte sich müde und schlapp. Nanas Blut wurde untersucht, der Eisenwert war ein wenig niedrig, sonst aber alles unauffällig. Die Schmerzen jedoch blieben, sie wurden mit Medikamenten und Physiotherapie nicht besser. Im MRT wurde schließlich erkannt, dass einer ihrer Wirbelkörper gebrochen war. Wie das?! Nana war nie gestürzt. Ein Untersuchungsmarathon folgte. An seinem Ende – im Oktober 2010 – stand fest, dass Nana ein metastasierendes Ewing-Sarkom

hat. Das ist ein Knochentumor, der häufig erst sehr spät diagnosti-
ziert wird. Nanas Haupttumor saß am Oberschenkel, die Metasta-
sen wuchsen bis in den Rücken hinauf. Sie waren so aggressiv, dass
sie ihr die Wirbel brachen. Später drohte sogar eine Querschnittsläh-
mung, die durch eine Operation verhindert werden konnte.

Nach der Diagnose war Nana erst einmal geschockt, fühlte
sich von ihrem Körper im Stich gelassen. Weil sie immer dachte,
sie hätte ein gutes Gefühl für ihn. Und dann bekam sie so lang-
e nicht mit, dass ein Tumor in ihr wütete. Nanas erste Chemo-
therapie war fürchterlich; sie bekam die Höchstdosis und litt
so sehr an Übelkeit und Fieber, dass sie bald nur noch 42 Kilo-
gramm wog. Es ging ums Überleben.

Barbara, wie haben Sie die Erkrankung Ihrer Tochter erlebt?

Als Mutter hat man vom ersten Moment der Diagnose an wenig
Luft zum Nachdenken. Man funktioniert einfach und versucht,
dem Kind das Leben, so gut es geht, zu erleichtern. Ich war von
morgens bis abends im Krankenhaus und schaute, dass Nana
das Essen bekommt, auf das sie Lust hatte. Oft sagte sie, dass sie
wahnsinnigen Appetit auf Eisbergsalat mit Omas Dressing hätte –
für uns war es selbstverständlich, dass wir alles möglich gemacht
haben. Ende Dezember wollte Nana Kirschen essen. Da fährt die
Mama natürlich auf den Münchner Viktualienmarkt und kauft
für horrende Summen Kirschen. Und klar, Gespräche mit Ärzten
und Schwestern werden täglich geführt. Es ist ein Fulltime-Job.
Ich konnte in meinem Beruf als medizinische Fachangestellte zum
Glück pausieren, mein Chef war sehr verständnisvoll.

War es nach der Diagnose überhaupt möglich, noch
schöne Momente miteinander zu erleben?

Absolut. Wenn auch immer ein Schatten über allem hing. Nanas
letzten Sommer haben wir sehr bewusst genossen. Sie bekam

über mehrere Wochen Bestrahlung, die körperlichen Auswirkungen waren natürlich deutlich spürbar. Aber wir hatten viel Zeit für uns, denn nur an den Werktagen mussten wir einmal täglich in die Klinik und hatten den restlichen Tag für uns. Wir gingen spazieren, unternahmen Ausflüge an den See oder saßen in Cafés. Und wir fotografierten viel. Im August gönnten wir uns mit der ganzen Familie zehn Tage Wellnessurlaub in Südtirol. Nana nahm auch ihren Freund Chris mit. Ich hatte einen Arztkoffer dabei mit verschiedenen Infusionen, Morphin und allem, was Nana gebraucht hat, um für Notfälle medizinisch versorgt zu sein. Ich bin ja zum Glück medizinische Fachangestellte, sonst wäre das nicht möglich gewesen.

Haben Sie mit Nana über den Tod gesprochen?

Wir hatten immer einen offenen Umgang – auch schon vor der Krankheit. Wir wollten uns mit Nanas Oma gemeinsam eine Grabstelle suchen. Die Männer in unserer Familie wollten damit gar nicht erst konfrontiert werden. Aber Nana und ich, wir waren beide der Überzeugung, dass es nach dem Leben weitergeht. Schon damals hatten wir uns überlegt, wie wir uns Zeichen geben könnten, wenn einer von uns beiden nicht mehr lebt.

Was war für Nana an der Krankheit besonders schlimm?

Am Anfang gab es ganz viele Tränen, weil im Raum stand, dass sie durch die heftige Chemotherapie keine eigenen Kinder bekommen wird. Dabei war bei ihr der Kinderwunsch immer sehr groß – obwohl sie noch so jung war. Vor der ersten Chemo hatte sie deshalb einen Termin in der Kinderwunschsprechstunde. Dort wurde besprochen, welche Möglichkeiten es gibt. Beispielsweise Eier entnehmen und einfrieren lassen. Vor der Bestrahlung wurde ihr extra in einer kleinen OP Eierstockgewebe entnommen.

**Ihre Tocher hat im Herbst 2011 eine Initiative gegründet.
Wie kam es dazu?**

Meine Tochter hatte schon immer ein Faible für Styling und Schminke, sie war eben ein richtiges Mädchen mit einem gesunden Selbstbewusstsein. Hin und wieder meinte sie zu mir, wenn sie gerade vor dem Spiegel stand: »Mama, ich find mich total klasse, wie ich aussehe.« Ihre erste Frage, als feststand, dass sie eine Chemotherapie brauchen würde, war: »Werde ich meine Haare verlieren?« In der Zeit ihrer Krankheit liebte sie es, sich mit Perücken und aufwändigem Make-up fotografieren zu lassen. Häufig lichtete ich sie ab. So kamen wir auf die Idee, die eigene Erfahrung als Projekt umzusetzen. Den Namen *Recover your Smile* hat Nana gewählt. Ziel sollte es sein, anderen Erkrankten zu ermöglichen, sich für einen Tag schön zu fühlen. Also boten wir Schminkkurse und Fotoshootings an – alles kostenlos. Nach Nanas Tod gründeten wir im Mai 2012 den Verein *Nana – Recover your Smile e.V.*

Nana war am Anfang also selbst sehr engagiert?

Absolut, sie war Feuer und Flamme, erfand den Namen, überlegte sich das Konzept des Projekts, stellte es bei der offenen Krebskonferenz im Oktober 2011 in München an einem Infostand vor und gründete die Facebook-Seite. Sie konnte aber kein einziges Shooting mit Betroffenen selbst erleben, das startete alles erst im Sommer 2012.

Am 17. Dezember 2011 hatte Nana plötzlich Schmerzen im Brustbein. Wir wussten sofort, dass da eine neue Metastase wächst, das ist nämlich ein ganz spezieller Schmerz, den nur Betroffene kennen. Nana war klar, dass das der Anfang vom Ende ist. Sie kam in die Klinik, die Ärzte wollten ihr verschiedene Optionen aufzeigen. Aber es stand so gut wie fest, dass sie den Krebs nicht mehr besiegen würde.

Wie ging es dann weiter?

An Silvester entschied Nana, es gut sein zu lassen, alle Therapien abzubrechen. Sie glaubte nicht mehr an ein Wunder. Am nächsten Morgen wollte sie nach Hause gebracht werden. Ich konnte ihre Entscheidung sofort akzeptieren. Es hat sich nicht wie aufgeben angefühlt. Klar will man so lange wie möglich kämpfen. Das Prinzip Hoffnung halt. Ich wusste aber auch, dass Nana auf gar keinen Fall im Krankenhaus sterben wollte. Sie spürte ganz deutlich, dass die Ärzte nichts mehr für sie tun konnten.

Was war für Sie als Mutter in diesen Stunden das Allerschwerste?

Der bewusste Abschied. Wir haben uns an diesem Silvesterabend Zeit füreinander genommen. Nur Nana und ich, Tochter und Mutter, ganz allein. Das zweite Bett in ihrem Zimmer war in dieser Nacht nicht belegt, ich durfte zum ersten Mal bei ihr im Krankenhaus schlafen. Wir setzten uns auf den menschenleeren Flur dieses riesengroßen Krankenhauses und redeten. In der Ferne sahen wir das Feuerwerk. Uns war klar, dass wir in den nächsten Tagen und Wochen vermutlich nicht mehr die Chance haben würden, so für uns zu sein und Abschied voneinander zu nehmen. Für immer. Wir sprachen auch über unerfüllte Wünsche.

Welche waren in dieser Zeit Nanas größte Ängste?

Sie wollte zwar nach Hause, hatte aber gleichzeitig Wahnsinnsängste davor, wie wir das alles händeln sollten. Knochenschmerzen sind nämlich sehr schwierig in der Schmerzeinstellung. Und was, wenn ein Knochen bricht? Wir haben mit einem Pfleger gesprochen. Er meinte, dass es ein ambulantes Palliativteam gibt. Es kommt zum Patienten nach Hause, hilft bei der Schmerzeinstellung und ist am Telefon rund um die Uhr erreichbar. Nana bekam auch eine mobile Schmerzpumpe, mit der sie die Mittel selbst dosieren konnte. Die Aussicht, dass uns das ambulante

Palliativteam zu Hause unterstützt, hat uns den Schritt, Nana aus dem Krankenhaus zu holen, enorm erleichtert. Als wir dann die Klinik verließen – Nana konnte zu dem Zeitpunkt kaum noch gehen –, kam eine große Erleichterung in uns hoch. »Hier muss ich nie mehr rein«, sagte sie. 15 Monate hatte Nana immer wieder auf einer Onkologiestation verbracht, in der es keinen einzigen bequemen Stuhl im Aufenthaltsraum gibt.

Konnte Nana ihre Zeit zu Hause genießen?

Völlige Schmerzfreiheit gab es in ihrem Fall nur um den Preis des Dahindämmerns. Ganz teilnahmslos wollte sie aber nicht sein. Ich kann schwer einschätzen, wie stark ihre Schmerzen tatsächlich waren. Nana saß mit ihrem Laptop auf dem Schoß auf dem Sofa im Wohnzimmer. Sie schrieb Mails an ihre Freunde: »Ich bin zum Sterben nach Hause gegangen.« Viele wollten sie noch einmal sehen. Nana hat alle gebeten, an einem Dienstag vorbeizukommen. Zu den Besuchen kam es aber nicht mehr. Denn genau an diesem Tag ist sie gestorben. In der Zeit davor sagte Nana immer wieder: »Jetzt lauft bitte nicht mit so einem Gesicht herum. Ich will, dass weiter gelacht wird!« Sie hat sich Normalität gewünscht. Das ist natürlich utopisch.

Nana starb am 10. Januar nach etwa zweieinhalb Tagen Tiefschlaf – sie war palliativ sediert. Denn alle Knochen waren mürbe, ein Beckenbruch drohte. Diese Schmerzen kriegt man mit Morphin nicht mehr in den Griff. Es klingt unvorstellbar, aber ihr Todestag war friedlich und schön. Wir haben uns alle noch einmal einzeln von ihr verabschiedet und sie dann gehen lassen. Nach ihrem Tod sind mein Mann Axel und ich bewusst bei ihr geblieben. Wir haben erlebt, wie ihr Körper erkaltet, das Leben langsam aus ihr weicht. Das war ein unglaublich wichtiger Moment für uns. Irgendwann wurde uns nämlich klar, dass da nur noch Nanas Hülle liegt. So war es für uns leichter, sie vom Bestatter abholen zu lassen.

Was können Sie Eltern von schwer kranken Kindern und Jugendlichen mit auf den Weg geben?

Ich habe in dieser Zeit gelernt, dass man sehr viel mehr aushalten kann, als man es sich selbst zutraut. In solch existenziellen Situationen sollte man also unbedingt auf sich vertrauen. Was man sich zu Beginn als unaushaltbar ausmalt, schafft man. Es ist ganz natürlich, die eigenen Gefühle hintenanzustellen und nur nach dem Kind zu schauen. Wichtig dabei ist aber, auch auf sich selbst zu achten. Was tut mir gut? Hier kann man ruhig Freunde einbeziehen und fragen, ob sie auch mal einen Nachmittag am Krankenbett verbringen können. Ich bekam immer wieder viele liebe Hilfsangebote aus dem Freundeskreis, hätte so einen »freien Tag« aber wahrscheinlich gar nicht genießen können. Ich kann jedem nur raten, hier den eigenen Bedürfnissen zu folgen und auf das Bauchgefühl zu hören.

Wie gehen Sie heute mit dem Verlust um?

Ich habe für mich erkannt, dass ich den Anspruch, Nanas Tod »überwinden« zu wollen, ablegen kann. Die Trauer gehört jetzt zu meinem Leben dazu, sie wird mich bis zum Rest meines Lebens begleiten. Wenn die Gefühle kommen, lasse ich sie zu. Ich sage mir aber ganz bewusst: Ich will am Tod meines Kindes nicht zerbrechen. Mein Leben ist nach wie vor lebenswert, das finde ich ganz wichtig.

Ist es überhaupt möglich, all dem auch etwas Positives abzugewinnen?

Man sollte auf jeden Fall versuchen, seinem Leben eine positive Wendung zu geben. Das gelingt, indem man bewusst auf die Frage nach dem Warum verzichtet. Sie wird nämlich nie zu einer Antwort führen. Stattdessen sollte man nach dem Wozu fragen. Diese Antwort wiederum führt nämlich zu einem Sinn. Macht das vielleicht etwas mit mir, was positiv für meine Existenz ist?

Lebe ich jetzt bewusster? Ich habe – trotz der Trauer und des Schmerzes – viel Positives mitnehmen können. Man muss aber auch erkennen wollen, dass etwas Gutes übrig bleibt. Ich habe meine Wahrnehmung für die schönen Facetten meines Lebens geschärft: meinen Mann, meinen Sohn, Nanas Freund Chris, der auch zur Familie gehört, den Freundeskreis, unseren Verein. Es gibt viele Aufgaben, die Sinn stiften. Ich bin heute ein Mensch, der die glücklichen Momente sehen kann. Ich habe ein starkes Bewusstsein für Zufriedenheit und nehme mir jeden Morgen Zeit, Bitte und Danke zu sagen für das, was ich habe. Sicherlich gibt mir auch der Verein das Gefühl, etwas Sinnvolles zu tun. Ich denke mir häufig: »Und wenn nur eine einzige Frau sieht, dass sie mit ihrer Erkrankung anders umgehen kann, dann hat sich das gelohnt.« Den Satz hat Nana einmal gesagt, ich habe ihn verinnerlicht. Ich bin offen für Gelegenheiten und Zufälle, daraus entstehen großartige Dinge und Begegnungen im Leben. Aus der Erfahrung mit dem Tod kann also auch ganz viel Positives entstehen – obwohl man sein Kind natürlich trotzdem täglich vermisst.

Wie haben Sie zu dieser Einstellung gefunden?
Manchmal muss man einen Schritt zurücktreten, um einen Blick für das große Ganze zu bekommen. Natur ist meines Erachtens das beste Heilmittel für die Seele. Ich kann mit allen Sinnen in der Einsamkeit herumlaufen. Und zu Hause mache ich das Fenster auf und nehme das Vogelgezwitscher bewusst wahr. Heute weiß ich, man kann nur befreit leben, wenn man sich mit dem Tod auseinandergesetzt hat. Wichtig ist in diesem Zusammenhang auch der Gedanke, dass Trauer keine Krankheit ist. Ich BIN nicht die Trauer. Ich bin nach wie vor ein Mensch, der lacht. Viele Eltern denken, sie dürfen nicht mehr fröhlich sein, weil ihr Kind tot ist. Ich finde, das ist eine falsche Einstellung und wird auch dem Verstorbenen nicht gerecht. Wir sind es unseren Kindern schuldig, weiterzumachen und unser Leben nicht aufzugeben.

Was dieses Buch mit mir gemacht hat

»Aus meiner tiefsten Seele
zieht mit Nasenflügelbeben
ein ungeheurer Appetit
nach Frühstück und nach Leben.«
Joachim Ringelnatz

In den letzten Monaten wurde ich immer und immer wieder von Menschen gefragt, weshalb in aller Welt ich mich mit kranken Teenagern unterhalten habe. Weshalb ich nicht über ein weniger schweres Thema ein Buch verfassen wollte. Gute Frage. Ich musste jedes Mal schmunzeln. Und antwortete: »Du wirst schon sehen, das ist ein rotzfreches, kein trauriges Buch. Geschichten über das Leben, nicht den Tod. Sie aufzuschreiben, macht mich glücklich, nicht traurig.«

Na ja, so ganz stimmt das natürlich nicht. Ich war manchmal richtig mitgenommen. Als ich Barbara Stäcker – die Mama der verstorbenen Nana – interviewte, weinte ich in einer Tour. Mit ihr. Zwei einander (noch) völlig fremde Frauen, die gemeinsam traurig sind, weil das Leben manchmal nicht besonders richtig ist. Nachdem ich mit Benjamin gesprochen hatte, hätte ich mich am liebsten erst einmal ein paar Stunden hingelegt, um meiner Seele Zeit zu geben, das alles zu verarbeiten. Und als ich im Sommerurlaub von Luises Tod erfuhr, brauchte ich ganz dringend einen Nachtspaziergang, um zu verstehen, was hier gerade passiert war. Hatte ich sie nicht noch vor drei Wochen gesehen? Und jetzt ist sie tot. Wie kann das sein?

Ich musste dieses Buch schreiben, weil ich schon immer wissen wollte, was das Leben lebenswert macht. Oder was ich mit meinem Leben anfangen soll. »Wohin des Weges, Frau Brück?«, fragte ich mich dann und wann. Dann traf ich Alexandra, als ich sie für ein Jugendmagazin interviewen sollte. Und mir wurde klar, dass ich aus dem Gespräch mit ihr ganz viel mitgenommen hatte. Für die Art, wie ich mein Leben sortieren könnte. Welche Fragen ich mir stellen sollte. In welche Richtung mein innerer Kompass zeigt.

Für mich ist jeder junge Mensch, mit dem ich für dieses Buch gesprochen habe, ein Held. Jeder hat mir ein bisschen seiner Superkräfte mitgegeben für meinen Weg. Und ich wünsche mir, dass sie mit ihren Weisheiten auch das Leben unserer Leser anstupsen. Vielleicht ist es ja schon längst gelungen, wenn Sie diese Zeilen lesen. Das wäre das größte Glück überhaupt. All die Arbeit und Liebe, die in diesem Buch stecken, würden noch viel mehr Sinn ergeben.

Ich habe in den letzten Monaten geschafft, was ich nie für möglich gehalten hätte: Ich habe gelernt, loszulassen. Erst von meinem geliebten Hund Hugo, der nach fast 15 Jahren an meiner Seite eingeschläfert werden musste. Vor nichts im Leben hatte ich solche Angst wie vor dem Tag, an dem ich den Zeitpunkt seines Todes würde festlegen müssen. Es hat mich viel Kraft gekostet, bis ich es als das akzeptieren konnte, was es ist: mein letzter Freundschaftsdienst an Hugo. Als es dann so weit war, passierte es einfach. Zu sagen, ich funktionierte, klingt ziemlich robotermäßig. Das war es auch nicht. Da war so viel Gefühl dabei. Aber es passierte einfach – und ich zerbrach dabei nicht. Wir alle sind so viel stärker, als wir denken. Wenn es darauf ankommt, mutieren wir zu Superhelden unseres eigenen Lebens. So habe ich mich auch gefühlt, nachdem Hugo seinen letzten Atemzug getan hatte: wie eine Superheldin. Da war kein Schmerz mehr, kein Leid. Nur noch das leichte Gefühl, für ihn richtig entschieden zu haben. Klar wird mein Leben ohne diesen großartigen Hund nie wieder sein, wie es einmal war. Im ersten Moment fühlte sich das fürchterlich und falsch an. Aber heute, eineinhalb Jahre später, finde ich genau das gut. Das Leben kann nämlich nicht immer gleich bleiben. Soll es auch nicht. Wenn sich nichts verändert, entwickeln wir uns nicht weiter. Was uns bleibt, ist ein konserviertes Gefühl tief in uns drinnen, irgendwo im Brustkorb. Und Dankbarkeit für eine zauberhafte Zeit. Jetzt bricht aber eine neue Zeit an – der ich auch die Chance geben sollte, wunderschön zu werden.

Während ich dieses Buch schrieb, lernte ich nicht nur, mich von einem geliebten Tier, sondern auch von Dingen zu trennen. Von alten Zeitschriften, belanglosen Büchern und längst nicht mehr passenden Klamotten. Mir wurde klar: Auch mit weniger Besitz bin ich noch ich. Von mir bleibt ganz viel übrig, auch wenn ich nicht alles aufhebe und archiviere. Ich komme mit weniger aus, als ich dachte. Erst zog ich mit meinem Freund von einer großen in eine kleinere Wohnung. Dann trennten wir uns. Ich machte aus der Wohnung eine WG. Jetzt habe ich ein Zimmer für mich, es ist meine kleine Welt. Nicht besonders groß, dafür aber besonders gemütlich. Und es befinden sich nur die Sachen in ihm, die mir etwas bedeuten. Vieles habe ich im Laufe der letzten Monate weggegeben, verschenkt, entsorgt. Manchmal hat das auch wehgetan. Der gute alte Trennungsschmerz.

Am schwierigsten war es, Menschen loszulassen. Einzusehen, dass der gemeinsame Weg längst zu Ende ist. Das wollte ich mir lange nicht eingestehen. Wieder und wieder versuchte ich, auf der Landkarte die Abzweigung zu finden, auf der wir uns verloren hatten. Vielleicht, um noch einmal zurückeilen zu können. Alles besser machen. Es noch einmal kitten. Doch dieser Moment war kaum nachzuvollziehen. So ließ ich eine enge Freundin und eine große Liebe los. Ich schickte sie mit Tränen auf ihren eigenen Weg. Und hoffte, dass er unbeschwert und friedlich sein möge. Abschied nehmen, darin war ich noch nie besonders gut. Ich will nicht behaupten, dass ich es jetzt kann. Aber ich bin definitiv besser geworden.

Was bleibt von mir übrig, wenn ich mein geliebtes Tier, eine enge Freundin, eine große Liebe und viele Sachen loslasse? Ich

stehe da und sage: Ich kann es allein! Auch wenn es viel schöner
ist, gemeinsam zu gehen. Und auch, wenn ich alles andere als eine
Insel bin. Aber es allein zu ›können‹, darauf kommt es an. Also:
Wenn Daniel es schafft, sich bewusst von seinem kranken Bein zu
verabschieden – wieso sollte ich es nicht schaffen, einen Menschen
zu verlassen, der mir nicht mehr guttut? Der meinen Weg nicht
mit mir gehen kann, der meinen Traum nicht mit mir träumt?

Du kannst dein Leben nicht verschieben. Alles, was du hast,
ist jetzt. Heute, heute, heute. Ich warte nicht mehr auf ein Zeichen.
Auf den perfekten Moment, das bessere Wetter. Ich habe gelernt,
in die Selbstverantwortung zu gehen. Denn ich bin die Einzi-
ge, die für mein Leben verantwortlich ist. Und ich bin auch die
Einzige, die ihm eine neue Wendung geben kann, wenn die alten
Muster nicht mehr funktionieren. Das alles haben mir die jungen
Menschen beigebracht, mit denen ich in den letzten Monaten ge-
sprochen habe. Ihre Gemeinsamkeit? Sie haben eben nicht abge-
wartet, sondern gekämpft. Sie haben sich bewusst für das Leben
entschieden und ihre mentalen Kräfte mobilisiert. Und auch bei
denjenigen, bei denen nicht klar ist, wie lange sie noch bei uns
auf der Erde bleiben – gut, das ist bei niemandem klar –, sehe ich
so viel Lebendigkeit in den Augen. So viel Lust darauf, Dinge zu
erfahren, Menschen zu treffen, den Tag zu umarmen. Auch wenn
der kranke Körper vieles nicht mehr mitmacht.

Es gibt Tage, an denen es in Strömen regnet. An denen man
Bauchweh hat oder jemand etwas Verletzendes zu einem sagt.
Dann ist es natürlich nicht leicht, so zu leben, als wäre es der
allerletzte Tag. Überhaupt ist dieser Gedanke ja total absurd. An
meinem letzten Tag würde ich mich vermutlich von meiner Fa-
milie und meinen Freunden verabschieden. Da könnte ich gar
nicht in der Sonne sitzen und Eis essen. Aber als Bild funktio-
niert dieser Gedanke »Lebe jeden Tag, als wäre er dein letzter«
sehr gut. Ich frage mich nämlich immer öfter, was ich dem lieben
Gott erzählen würde, wenn ich heute zu ihm hochfliegen würde.

Wie mein Leben und meine letzten Jahre waren? Möchte man
da berichten, dass man in einem miesen Job mit doofen Kollegen
festhing? Dass man den Ort nicht mochte, an dem man wohnte?
Und dass einen die Beziehung schon lange nicht mehr glücklich
machte? Also, ich möchte nach Möglichkeit anders über mein
Leben reden. Ich möchte sagen können, dass ich meinen Träu-
men gefolgt bin. Dass ich Seelenverwandte auf der Erde gefun-
den habe, die mir meinen Aufenthalt versüßt haben. Dass ich
den Körper, in dem ich lebte, geliebt habe und schön fand. Und
dass ich mit einer Tätigkeit mein Geld verdient habe, die ich für
ehrenwert, wichtig und inspirierend erachte. So, und weil ich
all das genau so dem lieben Gott sagen möchte, lebe ich danach.
Das war vor dem Buch anders. Damals waren oft die anderen
an meinem Unglück schuld. Da steckte ich in einem Job fest,
der mich nicht erfüllte. Und ich führte eine Beziehung, die ihren
Zauber längst verloren hatte. Also nahm ich es in die Hand: Job
gekündigt, als freie Journalistin selbstständig gemacht, mich
mit 33 Jahren getrennt. Alles auf Neustart. Ich musste mich oft
mit meinen Ängsten auseinandersetzen. Was mir aber geholfen
hat, dranzubleiben, waren die jungen Menschen in diesem Buch,
mit denen ich immer wieder sprach. Wir haben alle nur dieses
eine Leben. Manche müssen früher, manche später um ihres
kämpfen. Ich habe in den letzten eineinhalb Jahren um meines
gekämpft, obwohl ich nicht krank war. In dieser Zeit entstand
dieses Buch. Es hat mein Leben auf den Kopf gestellt.

MERCI BEAUCOUP

Ich bedanke mich bei allen, die mir für dieses Buch ihr Herz und ihre Seele geöffnet haben. Die mir ihre Zeit und ihr Vertrauen schenkten. Und die mich in den Momenten, in denen ich dachte, leer geschrieben zu sein, mit den richtigen Worten aufbauen konnten. Ich danke allen Experten für ihre klugen Gedanken und Erkenntnisse. Danke an meine wunderbare Lektorin Eva, mit der ich die schönste Zusammenarbeit überhaupt hatte. Danke an Jennifer für die Möglichkeit, aus einer Idee ein Buch werden zu lassen.

Ich danke meinen Freunden, die – während dieses Buch entstand – auf meine körperliche und geistige Anwesenheit verzichten mussten. Tausendmal Danke an meine Eltern und meinen Bruder, ohne deren Unterstützung ich niemals hätte Journalistin werden können. Danke, dass ich meinen Träumen folgen konnte. Dieses Buch war ein Teil davon – ihr habt es möglich gemacht.

WEITERE BÜCHER VON EDEN BOOKS

Am 21. Februar 1997 bringt Debbie Wyrich ihren Sohn Daniel, einen scheinbar kerngesunden Jungen, zur Welt. Die junge Mutter ist überglücklich. Doch bereits einen Tag später stellen die Ärzte die schockierende Diagnose, dass Daniel nur ein halbes Herz hat. Die Mediziner geben ihm höchstens zwanzig Jahre zu leben. Die Krankheit ändert Debbies Leben und das ihrer Familie radikal. Es ist der Anfang von ständigen Krankenhausaufenthalten und lebensgefährlichen Operationen. Ein Wettlauf mit dem Schicksal beginnt. Mit der außergewöhnlichen Kraft und der Liebe einer Mutter kämpft Debbie für ihren Sohn und wächst dabei immer wieder über sich hinaus: Daniels Lebenszeit soll so schön wie möglich sein und die Hoffnung auf das Leben ihres Kindes gibt sie nicht auf. Das Buch »Dieses bescheuerte Herz« berichtete über die Erfüllung der Wunschliste ihres schwer kranken Sohnes Daniel und berührte zehntausende Leser. Nun erzählt Debbie ihre Geschichte vom Kampf um das Leben ihres Sohnes.

Debbie Wyrich mit Tanja Janz
NUR EIN HALBES HERZ
Der Kampf um meinen Sohn Daniel
208 Seiten | Klappenbroschur | 13,5 × 21 cm
€ 14,95 (D) / € 15,40 (A)
ISBN: 978-3-959100-14-4

Sarah ist zwanzig, hat gerade die Schule hinter sich und will mit Vollgas ins Leben starten – doch dann erleidet sie einen epileptischen Anfall. Und noch einen und noch einen. Plötzlich sieht die lebenslustige Sarah sich mit einer Krankheit konfrontiert, die ihr Leben mit einem Schlag komplett verändert. Was folgt, sind eine Zeit voller Anfälle und Medikamente, viele Momente der Einsamkeit, Wut und Scham und die Konfrontation mit zahllosen Vorurteilen. Aber Sarah gibt sich und ihre Träume nicht auf. Heute, zehn Jahre, sieben Antiepileptika und unzählige Arztbesuche und Klinikaufenthalte später, ist Sarah eine junge, selbstbewusste Frau und steht mit beiden Beinen im Leben. In Panthertage blickt sie auf ihre Geschichte zurück: eine Geschichte über das Leben mit Epilepsie, das nicht immer einfach, dafür aber jederzeit lebenswert ist.

»Ein warmherziges, aufrichtiges und lichtfunkelndes Buch. « Benjamin Lebert, (Bestsellerautor)

Sarah Elise Bischof
PANTHERTAGE
Mein Leben mit Epilepsie
208 Seiten | Klappenbroschur | 13,5 × 21 cm
€ 14,95 (D) / € 15,40 (A)
ISBN: 978-3-944296-93-7

Neun Minuten – so lange war Clemens Hagen aufgrund einer inneren Blutung klinisch tot, bevor er erfolgreich reanimiert werden konnte: ein »medizinisches Wunder« (O-Ton Chefarzt). Aus zwei Perspektiven erzählen Clemens Hagen und seine Verlobte Kimberly Hoppe von seiner Nahtoderfahrung: Wie Clemens sich in einer bizarren Welt voller Albträume und Ängste wiederfand. Wie Kimberly Hoppe ihm in der Zeit seiner Genesung aufopferungsvoll beistand und die beiden den oft ans Absurde grenzenden Krankenhausalltag meisterten. Das Buch ist eine Mischung aus berührendem Bericht über eine außergewöhnliche Erfahrung am Rande des Todes und romantischer Tragikomödie.

Clemens Hagen & Kimberly Hoppe
NEUN MINUTEN EWIGKEIT
Eine Liebe zwischen Leben und Tod. Unser Koma-Tagebuch
256 Seiten | Klappenbroschur | 13,5 × 21 cm
€ 14,95 (D) / € 15,40 (A)
ISBN: 978-3-944296-44-9

Die fröhliche Studentin Sunny schreibt ihre Abschlussarbeit zum Thema »Lebenslust und Lebensmüdigkeit – der Selbstmord als Kulturphänomen«. Was niemand weiß: Sunnys Kindheit wurde von einer Tragödie überschattet. Als sie fünf Jahre alt war, beging der manisch-depressive Vater Selbstmord. Zwanzig Jahre nach seiner Tat sichtet sie den Nachlass des Vaters und beschäftigt sich erstmals intensiv mit seiner Geschichte und den Motiven für seine Tat. Was sie dabei entdeckt, schockiert Sunny, hilft ihr aber auch, ihm zu vergeben. Energisch packt sie ihre Zukunft an. Alle 40 Sekunden nimmt sich ein Mensch das Leben. Der Selbstmord gehört damit zu den häufigsten Todesursachen weltweit, bleibt aber eines der großen Tabus der Menschheit. In Deutschland begeben sich immer mehr Menschen wegen Depressionen in Behandlung. Viele entscheiden sich dennoch für den Freitod, vor allem Männer wählen diesen Weg. Familien und Freunde bleiben zurück. Alexa von Heydens einfühlsam erzähltes Memoir bietet einen berührenden Einblick in ein Thema, über das in unserer Gesellschaft häufig geschwiegen wird, und schildert hautnah das Schicksal einer Betroffenen. Die Berliner Autorin Alexa von Heyden hat einen bewegenden autobiografischen Roman über einen großen Verlust geschrieben – und über den langen Weg zurück ins Leben.

Alexa von Heyden

HINTER DEM BLAU

Ein kleines Mädchen verliert seinen Vater. Eine junge Frau findet zu sich.

208 Seiten | Klappenbroschur | 13,5 × 21 cm

12,95 € (D) / 13,40 € (A)

ISBN: 978-3-94429-603-6

HINTERGRÜNDE
GEWINNSPIELE
VERANSTALTUNGEN
AKTIONEN
DISKUSSIONEN
NEUIGKEITEN

Alle aktuellen
Infos zu
unseren
Titeln

www.facebook.com / EdenBooksBerlin

www.edenbooks.de
hallo@edenbooks.de

Eden
BOOKS

IMPRESSUM

Kira Brück
Der Tod kann mich mal!
12 schwer kranke Jugendliche erzählen ihre Geschichten. Für eine neue
Sicht auf das Leben.
ISBN: 978-3-959100-36-6

Eden Books
Ein Verlag der Edel Germany GmbH
Copyright © 2016 Edel Germany GmbH, Neumühlen 17, 22763
Hamburg
www.edenbooks.de | www.facebook.com/EdenBooksBerlin |
www.edel.com
2. Auflage 2016

Projektkoordination: Judith Haentjes und Svenja Monert
Lektorat: Eva Rosenkranz
Umschlaggestaltung: BüroSüd | www.buerosued.de
Fotos im Innenteil: S. 1-7 ©privat, S.8 mittig ©Lisa-Marie Schmidt,
S. 8 außen: ©privat
Layout und Satz: Datagrafix Inc.| www.datagrafix.com
Druck und Bindung: optimal media GmbH, Glienholzweg 7, 17207
Röbel/Müritz

Das FSC®-zertifizierte Papier *Holmen Book Cream* für dieses Buch
lieferte Holmen Paper, Hallstavik, Schweden.

Printed in Germany

Dieses Buch ist auch als E-Book erhältlich.

Um die kulturelle Vielfalt zu erhalten, gibt es in Deutschland und in
Österreich die gesetzliche Buchpreisbindung. Für Sie, liebe Leserin und
lieber Leser, bedeutet das, dass Ihr verlagsneues Buch jeweils überall
dasselbe kostet, egal, ob Sie Ihre Bücher gern im Internet, in einer
großen Buchhandlung oder beim kleinen Buchhändler um die Ecke
kaufen.